MW01107375

Pbro. José Guillermo Mariani

Sin Tapujos
La Vida de un cura

A todos los que acompañando mi vida
fueron sostén de mis luchas
y le dieron sentido de gozo y esperanza.

Prólogo

Un prólogo es, en realidad el primer juicio sobre un libro. La costumbre es que resulte también una sugerencia para leerlo y por eso se buscan personajes importantes para redactarlo. En este caso, no se trata de un libro solamente, sino de una vida. Por eso lo que corresponde no es un juicio sino una "semblanza", puñadito de pequeñeces palpitantes que resumen una historia.

Esta es una semblanza escrita por el Pbro. Juan Manuel González en ocasión de la celebración de mis bodas de oro sacerdotales. Juan Manuel es ahora mi ayudante en la Parroquia. Cuando joven seminarista, por el 78, con su hermano Guillermo, se escapaban del Seminario los Domingos para ir a la "censurada" MISA de La Cripta Nuestra Señora del Valle, en la que llevo treinta y siete años como párroco. Este prólogo comenzó a diagramarse desde entonces.

Los Sanhedrines siguen vivos,
Herodes y Pilatos se han reencarnado
Ya no hay planes ni líderes,
sólo un pueblo que sufre y espera
Pero vos ya tenés 50 años de experiencia
50 años de sacerdocio
¡ 50 años!

Sembrando esperanza, exorcizando miedos,
curando males del alma, pariendo utopías
cincelando amaneceres, levantando arco iris
como quien levanta barriletes
multiplicando sueños, derrotando demonios
curando cicatrices.

¡Cuántas cosas desmentiste!
Cuando otros dijeron "valle de lágrimas"
retrucaste "praderas de fiesta"
No sólo de pánico vive el hombre
comer, sumar poder, no es todo el hombre.
No sólo de progreso el hombre vive
vive también de Dios y de la luna.

En el 76 decías: "hay que amar con horror para salvarse"
Levantaste el cáliz y la voz cuando asesinaron al "Pelado"
"Una cosa es morirse de dolor
y otra muy distinta es morirse de vergüenza"
y de él aprendiste "hay que seguir andando nomás"

Y ahora dices "hay que amar con valor para salvarse"
sin convenios ni votos, desnudos cuerpo y alma
disponibles para ser otro, a ras de sueño.
"hay que amar con valor para salvarse"
junto con la justicia y el pan nuestro.

Defendiste nuestro derecho a decir en voz alta la palabra
a expropiar diccionarios y mitos, a invadir toda la belleza disponible
a desmarginar al desarrapado, bendecir a los divorciados
hablar claro en la T.V. y en la Radio
a ser "mansos como palomas y astutos como serpientes"

Bailando chacareras y zambas
animas la comunidad hasta el amanecer.
Lúdico con los scout, crítico en la catequesis
provocativo en las homilías, feliz en las liturgias,
Fraterno y solidario con los angustiados, familiar con los niños
tierno con tus familiares de la carne,
edípico con tu madre, como debe ser.

Te vemos de cuerpo entero en cada caso
sin rifar palabras ni gestos, agarrando el viento con las uñas
gambeteando excomuniones, exclusiones y difamaciones.

Por eso, hasta las cosas más triviales
con tu querida presencia y para alegría nuestra
se vuelven fundamentales.

Por tantos que te siguen
Y por tantos que han crecido con tu dura y hermosa suerte
Te decimos: Quito, "donde hubo fuego caricias quedan"

Juan Manuel González (Pbro.)

Introducción

Autobiografías escriben los personajes importantes. No soy personaje importante. Vidas ejemplares se han escrito muchas y muy edificantes. Mi vida no es una vida ejemplar. ¿Por qué entonces un libro autobiográfico?

Simplemente, para comunicarme. He vivido recibiendo inapreciables e incontables aportes de la gente que me ha querido y me quiere. He tratado de que mi vida fuera entrega simple y constante. He procurado mantener las ventanas abiertas, respondiendo a todas las preguntas, mostrando todas mis debilidades, aprovechando todas mis posibilidades.

Tengo conciencia de que la vida de un simple cura, no tiene grandes proyecciones. Pero también creo que muy pocos conocen, de manera más o menos completa, la realidad de estas historias ocultas en muchos de sus detalles, a veces para preservar el prestigio institucional, otras para evitar malos ejemplos, o también para defender la propia autoridad moral. Todos estos motivos, aunque aparentemente legítimos, llevan con frecuencia a una situación de hipocresía que salta, como un resorte, cuando se descubren irreverentemente conductas escandalosas en los miembros de la Iglesia o en la misma Institución.

Dejar que otros escriban sobre la propia vida supone un cierto grado de presión si el protagonista vive. Si ha muerto, todos exigen cierto respeto al comunicar datos. Resulta difícil desnudarse en público y en persona. Creo que es un gesto de transparencia, nada más que eso, y esto me mueve a realizarlo.

Mis "memorias autobiográficas" quieren completar una entrega de mi propia historia. Para ponerla más a disposición de la gente. Para ayudar a comprender muchas conductas y actitudes que se dan en nosotros los sacerdotes. Porque el pueblo cristiano y toda la sociedad, tienen derecho a estar informados sobre los que se presentan como sus ministros y servidores.

El sitial que la tradición autoritaria eclesiástica había levantado para los ordenados en el ministerio sacerdotal, se ha ido desmoronando lentamente. Así, aunque de modo involuntario, se ha cumplido la consigna y la voluntad igualitaria de Jesús de Nazaret. " *A nadie llamen padre o maestro. Sólo hay un Padre y un Maestro. Tengan en cuenta que todos ustedes son hermanos*"(Mt.23,8-9) y " *lo que se realice en los más oculto de las habitaciones será proclamado por los techos"(Lc.12,3)*

Mezclarse con la gente, sus inquietudes, sus problemas y sus esperanzas, tratando de vivir el ideal cristiano, es el mejor modo, creo, de llenar la misión sacerdotal. Este relato persigue ese objetivo. Mezclarme con la gente, desde todos los detalles de mi vida.

Algunos aprobarán mi intento. Otros seguramente, no.

Para todos, mi agradecimiento por leerme y encontrarme en las páginas de este libro, a través del cual yo mismo los quiero encontrar.

José Guillermo Mariani (Pbro.)

Uno

-¡*Qué orden de allanamiento ni qué mierda! ¡Ésta es la orden de allanamiento!*

Y desenfundó una 45.

Detrás de él, rayados por los barrotes de la puerta de rejas cerrada con candado, se movían otras sombras uniformadas. Me di vuelta para abrir la puerta cancel.

-¡*No lo mate!*, escuché un grito.

Moisés Ceballos, de la Policía provincial, Comisario de la Jefatura de Villa María, había lanzado la advertencia. La noche anterior habíamos estado juntos, en el velatorio de un sobrino suyo, Horacio, fallecido como consecuencia de una mala caída mientras jugaba rugby en Río Cuarto.

Sentí los culatazos en la cabeza y las balas del cargador que se desparramaban en el piso. Caí. No sé calcular el tiempo de inconsciencia. Al abrir los ojos, desde el piso, me di cuenta de que los de fuera habían saltado la reja. Incorporándome de un salto (tenía 27 años) llegué al picaporte, sorprendiendo a los cuatro y anticipándome a cualquier reacción.

Ingresé con un portazo y subí a toda marcha para alertar a mis dos compañeros curas. La sangre de las heridas de mi cabeza escribió esta historia en la pared lateral de la escalera.

Gottardi, el párroco, se dio tiempo para tomar plena conciencia, lavarse y peinarse cuidadosamente, antes de bajar. Era, en la ciudad, una persona de elevado prestigio y muy respetada. Saludó atentamente a Ceballos y preguntó qué pasaba.

—Tenemos orden de revisar la casa. Me acompañan efectivos de la Policía Federal. Ha de saber Ud. que están suspendidas las garantías constitucionales.

Iniciaron una minuciosa requisa.

Al despedirlos, cuando ya estaba confeccionada el Acta en que constaba que no se había encontrado nada fuera de regla,

Gottardi, antes de firmar, reclamó.

-Se ha ejercido violencia sobre el P. Mariani. Quiero dejar constancia de esto que es un abuso.

-Está en su derecho. -adelantó el federal- *Pero, si es así, tendremos que arrestarlos a los tres.*

El hombre morocho y musculoso que me había golpeado, mostraba su mano ensangrentada. Al golpearme, la pistola había lastimado uno de sus dedos.

-Yo he sufrido agresión por parte del sacerdote Mariani y debí defenderme. -Así es realmente, afirmaron los otros dos.

Ceballos estaba distraído, mirando hacia otro lado, como si las paredes le resultaran muy interesantes. Gottardi entendió que era inútil insistir. Yo estaba con la boca abierta de admiración y ganas de gritar ¡miente! Pero guardé silencio. Eran las tres de la madrugada del 16 de junio de 1955.

Cuando se fueron, nos quedamos comentando. Sobre la repisa de la estufa a leña, mantenía su lugar y su serenidad una pequeña imagen de la Virgen de los Dolores, de esas con cara preciosamente esculpida en todos sus detalles, pero con cuerpo vestido, porque debajo de la maxi y adornada pollera, había sólo un armazón de delgadas tablitas, ordenadas en forma cónica. Un símbolo de la poca importancia del cuerpo y sobre todo del cuerpo de María, en la concepción cristiana tradicional. Se puede pensar que esa actitud encaminaba a sostener que de la cintura para abajo, todo debe ser un armazón de maderitas.

Allí, en ese cono vacío, debajo de la pollera de la Virgen de los Dolores, estaban escondidos en cuidadoso atado, los comprometedores "panfletos". Muchos como esos, distribuidos clandestinamente, constituyeron una eficaz táctica preparatoria del levantamiento militar que derrocó a Perón, y se calificó como "revolución libertadora".

La miramos y nos miramos, esbozando una sonrisa cómplice, mientras sorbíamos una taza de café, como para pasar el susto. Quizás una tradición todavía no oscurecida del todo por la pérdida del prestigio eclesial, impidió a los policías levantarle la pollera a la virgen, después de haber revisado hasta el congelador de la vieja heladera del comedor.

Coloreando con sangre mis cabellos
la cicatriz es símbolo y dolor
de un enredo hasta hoy indescifrable
de fusiles, sotanas y nación.

(De *"Poemas de confesión y denuncia"*)

Dos

Ablitas. Un pueblito aceitero de Navarra, colgado de un cerro, con las calles empedradas que se orientan hacia las ruinas del Castillo de la cumbre. Diariamente las ruedas de los carros de los labradores que marchan a cultivar las pequeñas "piezas" de tierra de su posesión, cantan el himno severo y grave del trabajo y la pobreza. Sólo cuando es día de fiesta, los carros se retrasan y un coro, con orquesta o sin ella según la categoría de la festividad, despierta a los abliteros. Por las tardes, un pregonero sale con su corneta punzante y provocativa, a leer los bandos del Alcalde en las esquinas. Desde los balcones del primer piso –la planta baja es establo con que todas las casas cuentan- , las "dueñas" atienden y comentan.

De cuando en cuando, una solemne procesión sale de la tradicional iglesia y se orienta a una casa particular. El cura, bajo el lujoso palio, lleva la "custodia" con el Ssmo Sacramento a la casa de un moribundo. Acompañada por el tintineo de las campanillas, la gente canta y reza. La muerte no es aquí una tragedia. Es parte de la vida y de la historia.

Mañana caminarán las mismas piedras, conducirán los mismos carros, trabajarán las mismas piezas, los hijos de los que se marcharon, parecidos a ellos no sólo en el rostro sino en el modo de menear el cuerpo y orientar la cabeza hacia el futuro, cuando suben la pendiente hacia el Castillo.

Allí, en la primera decena del siglo XX, del matrimonio integrado por Juan Ruiz e Inocencia Oliver, nació una niña. Era el tiempo en que los nombres eran de almanaque, más o menos como lo son ahora de telenovela. 28 de octubre San Simón y Judas. El primer nombre estaba dado: Simona. Judas, a pesar de ser apóstol, no sonaba bien a la tradición católica. Quizás buscando un femenino cercano, se les ocurrió Gumersinda. Así se llamó la primogénita. Simona Gumersinda.

Los años eran malos. Se hablaba de América con muchas ilusiones. En Argentina, un pariente que debió huir de la Justicia española por un hecho confuso que nunca se aclaró, había logrado establecerse en James Craick, logrando un relativo bienestar. El los animó a vender todo y embarcarse para Argentina. Un Marzo de 1912, la pareja con su beba de dos años, desembarcaba en Buenos Aires.

Ya no había regreso. La vida les resultó tan dura como en España. Fueron puesteros de una Estancia en Villa del Rosario. Allí nacieron otros cinco hijos. "Guma", así le abreviaron el segundo nombre, los crió como hermana mayor. Creció trabajando duramente en las tareas del campo. Como boyera, montada a caballo, arriaba cada tarde los animales para encerrarlos en sus corrales. Como asistente de ordeñe, desde muy temprano calzada con pesados zapatones , chapaleaba en el barro para buscar los terneros mamones. Como peón musculoso manejaba la horquilla en la ventilación del maní aprovechando los días de viento o colaboraba en el enfardado de alfalfa.

En el pueblo, distante unos tres kilómetros, cursó hasta 2do. grado en el Colegio de las Hermanas Adoratrices. De notable belleza física, y de conducta sumisa y tierna, conquistaba simpatía por todas partes. Una religiosa decía de ella *"De tener yo una corona, la colocaría en la cabeza de Gumersinda"*.

En las fiestas de la colectividad española, la gracia y donaire con que bailaba la jota aragonesa llamó la atención a un joven de la "chacra" vecina. Era hijo de inmigrantes italianos.

Cuando enamorados, Atilio y Guma decidieron noviar con proyecto de matrimonio, se armó la gran bataola. Para Juan e Inocencia un amor con un "gringo patas sucias" era denigrante. (la rivalidad entre imigrantes españoles e italianos tenía entonces plena vigencia). Se opusieron tenazmente. Vigilaron salidas, buscaron influencias eclesiásticas, amenazaron al joven culpándolo de haber disparado una munición que alcanzó en un ojo a un hermano de Guma.

Pero el amor juvenil siguió su curso. Y cuando Atilio y Guma decidieron casarse, Juan e Inocencia a su vez, decidieron volverse a España con todos sus hijos argentinos, dejando a Gumersinda , en el destino y el amor que había elegido.

Pobres pero dignos, pensaron.

La joven pareja debió recurrir a un cura desconocido que accediera a casarlos. Lindor Ferreyra, el párroco del lugar, era muy amigo de Don Juan Ruiz como para jugarle la mala pasada de casarle a una hija con un "gringo". Se casaron en la capilla del Cementerio San Jerónimo en la ciudad de Córdoba, donde un cura amigo de Don Lindor prometía absoluto secreto. No tenían otro alojamiento posible que la casa de José y Asunta, los padres del novio. Un modesto "biombo" defendió la intimidad de la pareja, en medio del traqueteo de la casa de familia de los suegros, compuesta entonces por tres hijos varones y cuatro mujeres.

Yo, José Guillermo, el primer hijo, nací en Agosto de 1927. Guma encontró entonces un motivo muy importante para desahogar las angustias de su soledad anclada hasta entonces en el amor de su marido y en el hospedaje de sus suegros. No pasó mucho tiempo sin que tuvieran que buscar un techo propio. "el que se casa, casa quiere"

A los 11 años, entusiasmado por los curas de mi pueblo, Juan C, Aramburu, Serafín Fernández y Antonio Sánchez, decidí ingresar al Seminario. Los temas del "marketing" con que me habían conquistado para esta decisión, eran bastante ilegítimos.

"Ser sacerdote es la mayor dignidad a que se puede aspirar"
"Vas a comer postre y jugar al fútbol todos los días" *"Tu vida va a ser tranquila y vas a tener el cielo asegurado"*

Por otra parte, me había conquistado la fuerza juvenil con que el Padre Sánchez encaraba la predicación de los Domingos. El párroco, Serafín Fernández impulsaba mis cualidades actorales y mi bien timbrada voz de soprano, haciéndome sentir importante. Estas cosas triviales, fueron para mí, "la voz divina", que muchos afirman haber escuchado con mayor claridad y misteriosamente en el fondo de su espíritu, como vocación sacerdotal. Para mí tuvo acentos mucho más vulgares, como se puede apreciar.

. . . . Ese día, 16 de junio de 1955, Guma atendió sobresaltada el teléfono que sonaba desde largo rato en el comedor. Eran las 4 de la madrugada y papá ya estaba trabajando en la "cuadra" de la panadería.

-Mami, te hablo a esta hora porque nos han allanado la Casa Parroquial y me han golpeado un poquito, pero no es nada. Estamos todos bien. Seguramente mañana aparecerá en los diarios. No se preocupen. Ya pasó.

Muy temprano, en la mañana siguiente, un enviado del kioskero traía el diario Los Principios.

-Mire señora, en la página 3 dice algo de su hijo.

El kiosquero había subrayado con rojo *"el padre Mariani, al abrir la puerta a la Policía Federal, recibió una serie de culatazos que lo dejaron inconsciente"*

Mamá no siguió leyendo. Había leído balazos, en lugar de culatazos. Y se desvaneció. Durante cuatro horas estuvieron tratando de hacerla reaccionar. Sólo mucho más tarde, cuando la Radio anunciaba que la Marina estaba bombardeando Plaza de Mayo, la euforia de los antiperonistas que la rodeaban, le hizo entender que lo mío había pasado y no había por qué preocuparse.

Esa era la realidad. Concentrados en la Plaza, los obreros de todos los rumbos porteños iban a prestar su apoyo al Gral. Perón víctima decían, de la conspiración de la Oligarquía. La improvisada concentración fue aprovechada por la marina para bombardear a toda esa gente entusiasta pero indefensa. Fusilamiento masivo. Como tantas veces, antes y después.

Voy volando tus cielos con las alas pesadas
por ausencias y muertes olvidadas.
Con las velas rasgadas por recios huracanes
de recuerdos amargos,
voy surcando tus mares.
Y marcho tropezando con cárceles y tumbas
tus caminos desnudos de flores y ternuras.
Ya no sé si te quiero, o sólo tengo miedo
¡Patria, que mal te han hecho
los que se hicieron dueños!

(de *"Poemas de tiempo y sal"*)

Tres

Córdoba era para mí sinónimo de enfermedad. Durante mi
niñez, había constatado que la gente que decía viajar a la
ciudad, estaba enferma. Me la imaginaba como un con-
glomerado de hospitales. Y lo peor era que algunos de los
que iban, no volvían.

En aquellos tiempos, hacia los años 30, se conoció y hasta
diría se puso de moda, la apendicitis. Era, decían, un descubrimiento de posguerra. Había ocasionado muchos inconvenientes entre los soldados en campaña. Y se había
considerado en el intestino, un apéndice inútil, que reac-
cionaba desmesuradamente ante cualquier infección. Sin
muchos trámites, se diagnosticaba y se extirpaba. En la
Alemania nazi la cirugía se realizaba a los pocos días del
nacimiento.

En mi pueblo chico produjo gran impacto la muerte de un
joven de unos 28 años, después de una intervención tardía
cuando ya estaba declarada la peritonitis. Sus padres tenían un almacén importante, de modo que todo el pueblo se
conmovió con el hecho.

Y comenzaron a menudear los viajes a Córdoba y las ope-
raciones de apéndice. Pasaron por ellas varios de mis parientes y conocidos, hasta que le llegó el turno a mamá.

En el dolor de estómago por las mañanas, yo encontré
entonces un síntoma para preocupar al entorno por mi
salud. Lo fingí en varias oportunidades haciéndolo coincidir con las fechas en que se anunciaban pruebas en el
Colegio. Con este antecedente exitoso, fui multiplicando
las manifestaciones matutinas de malestar estomacal, hasta preocupar seriamente a mis padres. Una ventaja de
aquella enfermedad era la norma publicitada abundantemente, de que no había que dar ningún medicamento para
aliviar los síntomas. Podía resultar fatal. Así que, nada de

obligarme a ingerir medicinas desagradables. Finalmente se decidió llevarme a Córdoba.

Me asustó un poco, pero no me preocupó demasiado. Yo sabía que sólo estaba enfermo de "haraganitis escolar" y esto el médico no lo podía diagnosticar. Viajamos con papá. Cuarenta kilómetros de camino polvoriento, y el resto, "macadam" de cemento. El destino, Hospital Español en donde se habían realizado todas las intervenciones quirúrgicas a familiares. El diagnóstico, que yo recibí con los ojos desmesuradamente abiertos y como increpando al médico, quien por otra parte, me había tratado con mucho cariño, fue:

-*Apendicitis crónica. Y hay que aprovechar para extraerla ahora que estamos a tiempo.*

Aguanté el chubasco y, por supuesto, también la operación. Mejor, fue papá el que tuvo que aguantar, primero por la escasez de recursos para pagar al médico y segundo, porque el gas usado entonces como anestesia (le llamaban "éter") me produjo un efecto desastroso que alarmó a todos después de la cirugía.

Dos años después se produjo mi entrada al Seminario. Allí, más *ciudadanizado,* comencé a conocer otra Córdoba. La Cañada, que unos años antes había sido motivo de noticias en la prensa por un desborde que había producido inundaciones importantes, corría como inofensivo arroyo a dos cuadras del Seminario. Para ir hasta el Colegio de Las Nievas que era el único edificio importante al otro lado, cruzábamos por unos frágiles puentecitos de madera, extendidos sobre el mezquino cauce.

Barrio Observatorio, cuyo nombre se debía precisamente a la instalación de ese prestigioso centro científico de Astronomía, era un conjunto de casas pequeñas y muy pobres.

La Terminal de ómnibus, calle de por medio con el Seminario, nos dictaba por los metálicos amplificadores, sin prisa ni pausa, los recorridos de los transportes que partían y llegaban. Después de un cierto tiempo, aprendíamos de memoria esos recorridos. Y, tras otro período más o menos largo, lográbamos incorporarlo a la rutina diaria sin notar las molestias de los amplificadores.

En las esquinas del Seminario, nos lo habían dicho los mayores, en secreto y con sonrisas maliciosas, las alegres chicas que alternaban con los transeúntes con mucha amabilidad, eran "mujeres de la vida". Me llamaba la atención la algarabía constante en que vivían. Entre ellas la comunicación parecía ser muy fluida y alegre y, por lo visto, no tenían conciencia de vivir en pecado. Nosotros la teníamos por ellas. La consigna era no escucharlas, en lo posible circular por la vereda opuesta, y no saludarlas sino en respuesta a su saludo.

Vestido de hombros a talones con la sotana negra, una pequeña capita con el reverso azul hacia arriba, el solemne sombrero clerical (muy parecido al de los funebreros), y un ancho cinto azul del que colgaba una cinta hasta los pies, el uniforme seminaristil resultaba llamativo. Una miniatura de cura. Para algunos extraño, para otros ridículo, para otros venerable y misterioso.

Al pasar junto a nosotros, cuando en largas filas salíamos del Seminario para la Catedral o el Parque Sarmiento, mucha gente se hacía la señal de la cruz. No sé si para ahuyentar al demonio o para honrar nuestra sagrada apariencia.

Los legendarios, ruidosos tranvías, eran el medio de transporte habitual cuando debíamos acudir a lugares más alejados. Con el llamativo detalle que, una vez arriba, había que aferrarse con energía, para evitar recorrer de espaldas todo el pasillo hacia atrás, cuando el motorman decidía arrancar. Con el vigoroso sonido de la campana, llamada y bocina, y la vistosa maniobra del guarda que, en algunas esquinas, haciendo equilibrio sobre la parrilla trasera, debía cambiar de cable el gancho de contacto con el sonoro chisporroteo violáceo que se producía al hacerlo, los tranvías tenían su encanto y sabor de aventura.

Recuerdo también que, cuando de paso a la Catedral veíamos en calle 27 de Abril un letrero que decía "Televisión", nos deleitábamos soñando cómo podría ser ese invento que trasladara imágenes y no sólo sonidos. Impensable entonces.

Era también el tiempo del descubrimiento y auge, de la nueva y prodigiosa bebida Coca Cola.

La Córdoba de mi niñez ya se ha perdido en la historia, absorbida y devorada por la pujante ciudad industrial que fue después. Hoy no es fácil conocerla en las particularidades de sus diversos barrios. *Clínicas* de Estudiantes, *San Vicente* de los Corsos, *Alberdi* , de las serenatas, *Inglés* y algún otro, han quedado en brumoso olvido, aprisionados por una ciudad que se evadió de sus límites y extendió los tentáculos hacia todos los rumbos.

Tu corazón de cúpulas viajeras de las nubes
enmudeció escuchando tu marcha hacia el progreso
pero a veces estalla
de nuevo incontenible con palomas y campanas al vuelo.
Desde arriba, en caricia clandestina
te abrazan La Cañada y el Suquía
y en tu piel torturada de cemento
dibujan transparente la sonrisa.
Las ubres de tus barrios más antiguos
chorrean tradiciones y leyendas
que alimentan con leche risueña y optimista
el porte y la tonada cordobesa.

(de *"Enhebrando horizontes"*)

Cuatro

-¡*No señor*!

Había dicho mi padre con toda firmeza, cuando mi madre le adelantó que yo pensaba ser cura.

-*No señor! Así se pierde el apellido.*

El argumento era tan débil como firme la decisión de no ceder. Insistí tanto que, con mamá cómplice, y los repetidos argumentos clericales de que se trataba de un porvenir honroso y seguro, papá dio finalmente el "sí".

Tenía 11 años y había cursado 6to. Grado en el Colegio La Salle, después de haber hecho el 5to. en una Escuela Fiscal. La pedagogía de los hermanos lasallanos era la de "la letra con sangre". El Hno. Javier, que llevaba nuestro 6to grado, dirigía también el coro y, gracias a mi buena entonación y voz, me privilegiaba. Nunca me golpeó. Pero a mi lado sonaban cachetadas, volaban trompadas, se partían reglas, se escuchaba el quejido de los que eran levantados por el cabello de las patillas. Constante competencia, disciplina férrea, repetición sin límites de cantidad y tiempo para corregir errores de ortografía o caligrafía, premios para todas las cualidades, con descalificación de los menos dotados. Una pedagogía de la época que, a decir verdad, en muchos casos, producía excelentes resultados inmediatos.

Al año siguiente entré al Seminario. Lloré todo el viaje en tren, pensando en mi hermanita de 4 años cuya delicia era entonces peinarme los rulos, mientras yo sentado y tranquilo, leía el Tesoro de la Juventud, cuyos tomos sacaba de la cercana Biblioteca Popular.

Esa noche, cuando el prefecto de disciplina pasó por mi celda (la llamábamos "cancel" por delicadeza) y tras decirme buenas noches, corrió por fuera el pestillo de la puerta, la soledad me dolió más adentro de la piel. Lloré en silencio. Silencio de fuera y de dentro. Diez años después, siendo yo prefecto de disciplina de la división "Retóricos" que abarcaba a jóvenes entre 14 y 16 años, adopté por propia decisión la norma revolucionaria de no cerrar por fuera los canceles de los muchachos. El dolor y la humillación de aquellas primeras lejanas noches me seguían pesando.

Los juegos y deportes me entusiasmaron. Las lecturas estaban restringidas y controladas. Podíamos leer solamente, unos libritos de aventuras de misioneros en lejanas tierras y algunas novelas mejicanas con protagonistas scout como Tom Plaifair, Enrique Dy, Percy Wim... Clandestinamente, compartíamos con los íntimos El Gráfico, que mamá enviaba con la bolsa de ropa lavada en casa, habiendo recortado cuidadosamente todas las publicidades que contenían desnudos o insinuaciones que podían atentar contra mi santa vocación sacerdotal. Ya desde entonces, prepararse para ser un buen sacerdote, era prepararse para el celibato. A decir verdad, no me importaba demasiado.

Era lindo de cara. A los dos o tres meses de estar en el Seminario, mi prefecto de disciplina, seminarista mayor, me llama a su celda durante un recreo. Adiviné que se trataba de algo serio. Cuando me di cuenta, sentado frente a él, que no sabía cómo empezar, pensé lo peor. Ya me habían convencido para entonces de que yo era un elegido de Dios y de que si no cumplía esa vocación, mi felicidad terrena y mi salvación eterna correrían grave peligro.

-¡Zás! pensé, aquí me dice que no sirvo y me tengo que ir.

Eso había sucedido ya, con dos o tres compañeros.

-Mirá José Guillermo .- las palabras se le aferraban a la lengua como rehusando salir.- vos sos muy simpático y, además sos lindo e inteligente.

Me serené. La cosa parecía venir bien.

-Por eso es peligroso que. . . como aquí no hay chicas, ¿me entendés? como aquí no hay chicas ¿entendés?

Yo no entendía absolutamente nada.

-*Sí* – dije- *aquí no hay chicas.*

Y se me deslizó una lágrima pensando en mi hermanita.

-*No, lo que quiero decirte es que como aquí no hay chicas, es peligroso que alguno de tus compañeros te quiera tomar como novia.*

Le salió todo de repente. Como un cañonazo. Yo respondí sólo con un Ahhhh! que no sé si fue exclamación o alarido. Y no pude decir más.

Desde luego que, mi preocupación desde entonces fue investigar quién me quería tomar por novia y defenderme agriamente de todo el que pretendía ser amable conmigo.

Había un profesor de latín que me llamaba con frecuencia a su habitación junto a otro compañero y nos ponía de rodillas y nos bendecía y hacía cruces en la frente, despidiéndonos con mucho cariño. Muchos años después supe que llevaba chicos de la calle a su habitación para desahogo sexual. Nosotros, entre bendiciones, nos salvamos.

La posición agresiva que había adoptado como sistemática fue cediendo. No podía vivir sin amigos, desconfiando de todos. Y como las *"amistades particulares"* es decir las que suponían confidencias y encuentros para conversar, eran prohibidas con toda severidad, cultivé una amistad clandestina. La represión siempre clandestiniza, no corrige.

Yo era director de coro y, después de las solemnidades de la Catedral, volvía solo al Seminario. En la esquina de Plaza San Martín había una famosa Confitería "Del Plata" Uno de los empleados me conocía y, compadecido del hambre que yo le contaba que pasábamos en el Seminario, me tenía preparada una ristra de salames de la Colonia, que me ayudaba a colgar del cinto y ocultar debajo de la larga sotana negra. En ese refugio, con mi rápido paso juvenil, los salames se balanceaban inocentemente, tras la solemne vestidura negra, sin suscitar ninguna sospecha, camino del Seminario.

Con un compañero de más confianza , nos escondíamos en una habitación desocupada, y compartíamos el contrabando. Poco a poco la amistad se hizo tan estrecha que, en medio de bromas y risas, haciendo esas "picadas" clandestinas entramos en la intimidad de conversaciones acerca de nuestras tendencias sexuales desahogadas en el "horrible vicio solitario", como nos habían enseñado a calificar la masturbación. Llegamos, en este ambiente de fiesta y confidencias íntimas a los abrazos y besos, como experiencia inédita. Calculo que ambos estábamos alrededor de los 20 años. Me asusté de mí mismo. En los días siguientes no nos atrevimos a mirarnos de frente. Se acabaron los salamines.

No mucho tiempo después él abandonó el Seminario. Con menor periodicidad nos seguimos visitando, en una amistad que ambos tomamos la responsabilidad de juzgar y poner en su lugar. El como padre de familia, yo como candidato al sacerdocio célibe.

De ese modo aprendí que el enemigo
era yo mismo en permanente acecho
desde mi cuerpo y todos sus sentidos
hasta el fortín letal del sentimiento
y viví en el constante sobresalto
de Sirenas, de alarmas y de miedos

(de *"Poemas de confesión y denuncia"*)

Cinco

El desafío de encontrarse en un ambiente completamente nuevo, resultaba muy duro para un chico de pueblo. Con apenas once años, lejos del calor y la protección familiar, sometido sin transición a horarios completamente rígidos, con tiempos medidos y establecidos para estudiar, para conversar, para jugar, para descansar, para reír y para llorar, pareciera imposible la adaptación. Sin embargo, esta dura disciplina, en un ambiente sano, con reflexiones orientadas con profundo sentido religioso y sin mayores preocupaciones por lo que sucedía en la familia o fuera de los muros, resultó para muchos una época idílica. *La mejor etapa de mi vida"*, es la definición de muchos que no llegaron a sacerdotes, para ese período de niñez y adolescencia. Fuera de radio o diarios, teníamos dentro todo lo que podían ambicionar chicos de afuera. Fútbol, tennis, básquet, frontón, juegos de mesa, billar, jardín para ruedas de mate. En mi tiempo, el actual Palacio Episcopal de calle Irigoyen, en construcción, era un recinto ideal para aventuras y escondites en los juegos de *"policías y ladrones"* o como otros les llamaban *" a los choros"*

Cuando teníamos permiso para subir a la terraza, con ocasión de desfiles o manifestaciones extraordinarias, llenábamos con juventud saltarina y bulliciosa los 94 escalones que nos separaban de ese tercer plano, superándolos de a cuatro y abriéndonos finalmente al espectáculo de la ciudad con sus campanarios y arboledas que ya comenzaban a ser interrumpidas por los altos edificios de propiedad horizontal

El período de vacaciones, que transcurría en la casona "Nazaret" junto al Río de Los Molinos, en las proximidades de José de la Quintana, era un regalo inapreciable que dejaba al terminar, una verdadera nostalgia de naturaleza, de espontaneidad, de trinos, de aventuras siesteras, de excursiones a los picos de la Sierra

Chica, de *"dispensas de noche"* consistentes en una gran rueda con aspirantes al sacerdocio de todas las edades, haciendo gala de la alegría interior de sentirse elegidos y del ingenio para re- crear con humor, distintas situaciones de la vida cotidiana

De aquel tiempo datan mis primeros ensayos poéticos en el servicio de poner letras nuevas a cantos "profanos". La si- guiente, una guarania muy conocida.

Nazaret,
arcos llenos de canciones
y alegría juvenil
Nazaret
las lecciones de tus cosas
nos enseñan a vivir
Al caer
la corriente entre las piedras
hecha lluvia de cristal
nos enseñan las cascadas
que el sufrir es un cantar
Y en tus campos el aromo
en que florecen los espinos
nos sugiere que es más bella
la sonrisa en el dolor

Nazaret
nido alegre en que pichones
aprendemos a volar
Nazaret
tu nostalgia pone en mi alma
la ternura del hogar

Al partir
aunque guste entre mis labios
la amargura del adiós
siempre siempre tu recuerdo
vivirá en mi corazón

Otra canción llena de la ingenuidad romántica de los dieci-
siete años y testimonio de una presencia constante del sufrimiento aceptado como patrimonio y mérito para otra felicidad, fue la siguiente, localizada específicamente en una
imagen blanca de María, colocada sobre un sencillo pedestal
al lado del lugar más agradable de nuestro río, "el *remanso*". La música, de *El jarillero*.

Virgencita
desde el cerro
yo vengo buscando
la luz de sus ojos
sus ojos de cielo
traigo oscura el alma
cuánta pena llevo
yo busco una estrella
y he visto en sus ojos
brillar dos luceros.

Señora
le he traído un ramo
de flores del cerro
con ellas mi vida
toda se la dejo.
le dejo en las manos
un poco de suelo
para que sus ojos, Señora,
lo cambien en cielo.

(recitado)
Todita mi vida le dejo en las manos
mis flores, mis penas en un solo ramo
me vuelvo a mi rancho me vuelvo contento
me vuelvo a mis cerros con luz en el pecho
la luz de sus ojos de sus dos luceros.

Seis

Ejercicios espirituales de San Ignacio de Loyola. Eran considerados entonces como un paso indispensable para la santidad. Ignacio era soldado, y la espiritualidad de esos días de silencio, meditación y penitencia había sido ideada para trasladar a la relación con Dios y su Iglesia la disciplina militar. Eran canónicamente obligatorios cada año, para todos los sacerdotes diocesanos. Teníamos bien internalizada la convicción de que, sin estas prácticas de austeridad piadosa, era imposible mantener la virtud. Sobre todo, la castidad, claro está. Yo, seminarista, los había cumplido con tanto fervor que, en mi diario íntimo llegué a escribir con sangre, así literalmente, el propósito de no cometer el terrible pecado de la masturbación. Con una gilette nueva me hacía un tajo en el muslo y en la sangre que manaba, sintiéndome orgulloso de poder hacerlo, mojaba la punta del lápiz y escribía. Por supuesto que el escrito duraba mucho más que el cumplimiento de mi propósito.

En septiembre del 55, yo había venido desde Villa María para participar de los ejercicios ignacianos en la Casa de Córdoba dedicada a este fin. En la mañana de ese viernes , el tema era el de "las dos banderas". Ignacio, presentaba allí la militancia cristiana como una batalla en la que había que optar por una de las dos banderas, la de Dios o la de Satán.

Inesperadamente, un muchacho de servicio entró apresurado por una puerta lateral del local en que estábamos y murmuró unas palabras al oído del jesuita predicador. Éste puso cara de asombro y nos comunicó la novedad.

-Ha estallado la revolución y se ha producido el derrocamiento del Gobierno. Hay que dispersarse lo más pronto posible.

Yo estaba preparado. Había llevado en mi bolso, el traje de un abogado amigo. Me vestí y salí rumbo a la Terminal de ómnibus. Me acompañaban otros, cuyos pantalones tenían marcadas las curvas de las rodillas y cuyas camisas blancas estilo Mao, decían a gritos "aquí me falta la sotana".

Al pasar por el edificio del Seminario decidí entrar. Nunca lo hago voluntariamente, porque la represión que viví durante tantos años allí dentro, me dejó a la altura del esternón una especie de cuña que se me clava cuando atravieso la puerta mayor. Esa puerta por la que salíamos en rigurosa fila de dos en dos, muñequitos de cura, todos los jueves para nuestro mayor esparcimiento, a disfrutar una mañana en el Parque Sarmiento. Esa puerta en que la "Papa de Hortensia" sentada en los escalones de la derecha, estiraba la mano esperando que alguno de los tantos muñequitos le deslizara una de las monedas que llevábamos para comprar golosinas o para andar en lancha en el Lago.

Teníamos prohibido darle, y más aun mirarla. Y con razón. Porque, cuando se indignaba, se incorporaba a medias, se levantaba la ancha pollera y gritaba: *¡Miren curas de mierda, miren para acá, para que sepan lo que es una concha!*

Toqué timbre y entré por aquella majestuosa y aplastante puerta de mis recuerdos. En medio del claustro central se había hecho una trinchera con grandes muebles. Aparecían por los intersticios los caños de los fusiles Dos hermanos, Negro y Gringo, laicos comprometidos, estaban a la defensiva, con las armas listas, por si a alguien se le ocurría venir a meterse con los curas.

Salí del Seminario hacia la Terminal. En la esquina, estaba apostado el morocho musculoso de la Federal que me había golpeado en Villa María. No me reconoció, por supuesto. Yo sí reviví aquella noche de Junio Tuve ganas de escupirle al rostro y decirle "se te acabó, matoncito" Pero me detuve. Después supe que a esa clase de individuos no se les acaba nunca el trabajo. Siempre son necesarios para alguien. Me lo dijo, ya en plena democracia, un "amigo" vinculado conmigo por una vieja relación con su familia:

-*Tengo condecoraciones del Gral. Menéndez por mi eficacia para acabar con zurdos. Pero no te creas que me falta trabajo. Ahora estoy de matón al servicio de un político Nosotros siempre les hacemos falta*

Mientras Lonardi triunfaba en Bs. As., en Córdoba Videla Balaguer proclamaba desde la Casa de Gobierno el triunfo de la revolución. El Gral Imas avanzaba desde San Francisco con refuerzos para las tropas oficiales. Esto era anunciado repetidamente por la radio oficial. Recursos de vencidos para atemorizar a los vencedores y mantener en la resistencia a sus secuaces muriendo valiente pero inútilmente.

La toma de las radios y los principales medios de comunicación dio carácter definitivo a esta victoria del Ejército rebelde.

"Ni vencedores ni vencidos" fue la máxima con que se instauró el Gobierno militar. Las influencias eclesiásticas habían pesado, con la idea de marchar hacia una reconciliación nacional. Los fusilamientos de León Suárez en junio del 56, dieron por tierra aquella premisa-promesa.

Y al fin "revolución libertadora"
con fusiles y cruces confundidos
con promesas cristianas y argentinas
de igualar vencedores y vencidos
y realidad pagana y vengativa
de muertos, fusilados y excluidos.

(de *"Poemas de confesión y denuncia"*)

Siete

El 4 de junio de 1943, había vencido un golpe militar. Mi primera experiencia de una situación de esta índole. El Gral. Ramírez se había hecho cargo del Gobierno. Como siempre, detrás de los militares estaban las fuerzas de derecha. Euforia en el campo católico, que yo palpé en el Seminario.

Desde el Ministerio de Trabajo una figura fue creciendo, la del Cnel. Perón. Su prestigio popular culminó con la gesta del 17 de Octubre animada por su esposa Eva Duarte. Frente a un mundo empobrecido y desangrado por la segunda guerra mundial él logró que Argentina jugara un papel muy importante a nivel internacional.

Hacia adentro, inició una revolución social sin precedentes. Para con la Iglesia observó una conducta muy especial. Supo evitar que el odio de la oligarquía criolla, traspasara los umbrales eclesiásticos. Implantó la enseñanza religiosa en las Escuelas públicas. Aumentó los subsidios oficiales para las Escuelas Privadas. Se pronunció públicamente en favor de los principios de la Doctrina Social católica. La "tercera posición", su original propuesta, era prácticamente una serie de enunciados de las Encíclicas sociales de los Papas. El apoyo y el gozo de la Jerarquía eran entonces manifiestos.

Villa María, es ciudad de origen de Don Amadeo Sabattini, un gobernador de Córdoba tradicionalmente respetado por su honestidad y eficacia en el servicio a la provincia. Allí un bastión del partido radical era el Colegio Víctor Mercante, regido por una figura muy prestigiosa, el Dr. Antonio Sobral. Enardecidos por la perspectiva de conquistar ese bastión de la escuela laica para la Iglesia católica, Gottardi, el Párroco y Cargnelutti, el Vicario Cooperador, aceptaron la propuesta del Senador peronista Valinotto de intervenir el Colegio y cambiar su plantel de profesores. No fue fácil, pero se logró.

A pesar de mis 25 años, yo no tenía ninguna conciencia política. Los veía obrar, con ignorancia respetuosa, y me acoplaba por solidaridad a sus opiniones y acciones.

Era de sospechar que la oligarquía no se dejaría pisotear muy fácilmente. Al formarse la UES, (Union de Estudiantes Secundarios),comenzaron las rivalidades en el campo juvenil. Objeto de predilección muy marcada, el Movimiento oficial concentraba todos los privilegios.

Luego siguieron las reformas constitucionales para favorecer el divorcio vincular, se quitó la enseñanza religiosa en las Escuelas y se señaló a diversos personajes de la jerarquía como opositores, se expulsó a dos Obispos, se intentó también legalizar los prostíbulos. La caricias de entendimiento con la Jerarquía eclesiástica se convertían ahora en cachetadas.

Así el segundo gobierno peronista fue inclinándose hacia una tendencia cada vez más combativa y entró en franca contraposición con la Iglesia. Mis compañeros Gottardi y Cargnelutti cambiaron de bando decididamente. Yo los seguí sumiso.

A la promoción juvenil de la oficialista Union de Estudiantes Secundarios, Córdoba respondió con el Movimiento Católico de Juventudes organizado por el Pbro. Quinto Cargnelutti fogoso sacerdote, inteligente, valiente y con grandes dotes de comunicador. Desde Villa María fue su fundador y principal promotor. Se comenzaron a escuchar voces críticas desde la Iglesia, por las persecuciones políticas, por la agresividad, en especial de Eva Perón, contra las clases elevadas. Desde ese nivel se le endilgó la calificación de "resentida social" haciendo referencia a su origen humilde y a circunstancias borrascosas de su historia personal.

Ya en franca oposición, la Iglesia demostró su poder de convocatoria en la procesión de Corpus, en la Capital Federal el 11 de Junio. Esta expresión tradicional de religiosidad popular, adquirió desde entonces una gran importancia como expresión del poder de convocatoria eclesiástica. Hasta estos días, la fecha de celebración de esa festividad, que ha soportado distintas modificaciones para facilitar la concurrencia masiva de los Colegios y de todos los sectores de la comunidad católica, constituye un índice de la Iglesia como factor de poder. En aquella multitudinaria procesión, se quemó una bandera argentina. El hecho se atribuyó a los manifestantes. Después del bombardeo de Plaza de Mayo, el 16, los adictos al Gobierno con el pretexto de vengar la quema de la bandera, incendiaron la Curia Eclesiástica y los más importantes Templos de Buenos Aires.

El Cardenal Copello y el Obispo Caggiano, reconocidos como interlocutores de Perón, habían continuado con sus intentos de que éste volviera atrás de las disposiciones anti-eclesiásticas. Caggiano había asegurado ante sus pares del Episcopado, la sensibilidad del General para este asunto. Cuando en la noche del 16 tuvo que huir del incendio de Santo Domingo, saltando las tapias posteriores del convento, él mismo se convenció de su error al tener que quitarse la sotana y los símbolos de su poder episcopal y transitar las calles de su huida, como cualquier hijo de vecino.

Cuando en Agosto, Perón amenazó con renunciar, la C.G.T convocó a todos los trabajadores a Plaza de Mayo. A pesar de la experiencia de Junio, acudieron multitudes. A sus aclamaciones, el General. respondió con un encendido discurso en que prometió que por cada peronista que cayera iban a caer cinco de "la contra".

El 16 de Septiembre de 1955, terminó esta historia, con Perón renunciante y refugiado en la "Cañonera" paraguaya, anclada en el puerto, bajo la protección de su amigo el dictador Strössner.

Los distintivos dorados con una V en la que se implantaba una cruz (Cristo vence), producción clandestina y artesanal en la Parroquia de Barrio Talleres Este, aparecieron en todas las solapas. Y otra vez hubo euforia en la Iglesia. Cristo, supuestamente, había vencido.

Avizoramos limpios horizontes
en la tensa ilusión de las vigilias.
Recogimos los restos del naufragio
curamos diligentes las heridas
y con paciencia y sueños renacidos
iniciamos de nuevo la partida.

(de *"Poemas de confesión y denuncia"*)

Ocho

El primer destino de un sacerdote joven, era siempre una especie de aventura. Como pájaros saliendo de una jaula, debíamos aprender de nuevo a mover las alas en un espacio absolutamente nuevo. O lográbamos conformar ese espacio al del seminario, desfigurándolo por completo, o nos adaptábamos a él. Lo primero significaba estar por encima, por debajo, al lado o en contra de ese espacio y su contenido. Lo segundo era meterse adentro. Y esto resultaba peligroso. Por ese motivo las reacciones defensivas más habituales eran autoritarismo, superioridad, paternalismo, rigidez de juicio, aislamiento espiritualista, menosprecio de los rastreros problemas de la gente. Con estos recursos uno se mantenía fuera y, al mismo tiempo, compensado.

Aprovechando su relación amistosa con el Arzobispo Laffite, el Párroco de Villa María Pedro Gottardi me había pedido como ayudante. Se trataba de un cura experimentado, con carisma de conductor, inteligente, lector siempre actualizado y progresista para aquellos tiempos. Siempre agradezco lo mucho que aprendí de él y el gran afecto con que me trató.

Como era tradicional, el ayudante nuevo debía encargarse de las asociaciones infantiles de la Parroquia. Aparentemente, los chicos eran lo menos peligroso para su virtud. No siempre ha sido así, debido quizás, a muchos elementos represivos que se incluyen en la formación del Seminario. Además, un pequeño detalle se escapaba. Dirigiendo estos grupos de niños, niñas, y aspirantes de Acción Católica, había muchachas jóvenes con quienes se debía mantener constante comunicación para planear reuniones y revisar actividades.

Una de dichas jóvenes me llamó la atención apenas conocida. Reunía una multitud de cualidades. Llevaba tres años al frente de las Aspirantes y resultaba muy eficaz en su trabajo, por lo que era constantemente reelegida para prestar ese servicio. Durante más de un año, compartimos las tareas. Ordinariamente cuando los otros dos integrantes del grupo responsable consideraban concluidos los asuntos, nosotros debíamos quedarnos un poco más. En una de esas oportunidades, recuerdo que era una tarde de lluvia primaveral, me dijo resuelta:

-Yo creo que nosotros necesitamos hablar un poco sobre nosotros mismos. Siempre nos ocupamos de los otros y, entre nosotros, es como si ni siquiera nos conociéramos ¿No te parece?

El tuteo me resultó a la vez extraño y cálido. Siempre me llamaba Padre.

- Padre, lo buscan... Padre, ¿cuándo va a venir?, , , ¿cómo está Padre?

Resueltamente, sin esperar que mis labios dieran la respuesta que creo se adivinaba en mi rostro, ella fue hacia la puerta y le puso llave. Es difícil describir las oleadas que se atropellaban en mi interior. Resueltamente me preguntó si mis frecuentes palabras de simpatía y afecto para con ella eran sinceras. Respondí que sí. Continuó, inquisidora, introduciéndose en mis miedos.

- Si quisieras mucho a alguien, ¿tendrías valor suficiente para decírselo de frente?

Su pregunta no sólo penetraban mis oídos. Temblaba en mi cuerpo. Vacilé.

-Bueno, me dijo, *yo sí tengo esa valentía.*

Se estiró sobre el escritorio que nos separaba y me dio un beso. Me incorporé. Nos confundimos en un abrazo. Sentí que su pecho se ablandaba sobre el mío, y la estrujé bajando mis manos hacia su cintura. Golpearon la puerta. Se sentó. Abrí, reacomodando mi rostro y mis emociones. Un chico. Había cesado la lluvia.

-Padre, dice mi mamá si puede darme algo para comprar leche y azúcar para mi hermanito.

Saqué unas monedas. Ella se levantó y, rozando mi cuerpo, salió apresuradamente diciendo "*hasta pronto, Padre*". El chico nos miró extrañado.

Me llamaban en ese momento desde el grupo de Aspirantes, para comunicarme cómo había resultado el sorteo de los turnos para competir en el Baby fútbol local, organizado por el Sr. Trobiani. Esa noche, si la lluvia no se reanudaba, debutaríamos compitiendo con el cuadro de Tienda Los Vascos. Al arco Beto, en la defensa Aldo con el Gordo y adelante , Arpón, Paraja y el Turco Daher.

Vivía con tanto entusiasmo estas competencias que, cada vez que jugaba nuestro equipo pedía en la misa diaria que ganáramos o al menos empatáramos. ¡Tanta era mi ingenuidad, en éste como en otros aspectos más importantes de mi formación y mi maduración humana y cristiana! Esa noche, la primera, triunfamos. Señal para mí, de que Dios no estaba enojado conmigo.

Se ha abierto el misterioso rincón
donde los sueños se tiñen de verdad y color.
No es deseo ni es vuelo
es todo junto y más...casi perfecto
lo más espiritual de lo corpóreo
y lo más corporal del sentimiento.

(de "Enhebrando horizontes")

Nueve

La memoria barre los recuerdos desagradables. Pero éstos se instalan en el estómago, precisamente en la boca del estómago. No se trata de una afirmación científica extraída de un libro de psicología. Se trata de mi experiencia. Siempre que, después de ser ordenado sacerdote crucé la puerta gigante del Seminario sobre calle Vélez Sársfield, sentí que todos los recuerdos de represiones, temores e indecisiones se agolpaban punzantes allí, en la boca del estómago.

Después de los cinco primeros años en que mi preocupación se centraba en el estudio y el deporte, con plena convicción de que estaba respondiendo a la voluntad del Dios que me había elegido, mi vocación comenzó a trastabillar.

Varios años con medalla de oro por las calificaciones en estudio y excelentes también las de conducta., me ganaban el aprecio de mis superiores. Sólo un traspiés. El tercer año, en la tarde de un Jueves Santo, que era libre después de las solemnes celebraciones matinales de la Catedral, jugábamos al fútbol para matar el tiempo. Llevaba la pelota y cerca del arco, al iniciar mi movimiento para el gol, una zancadilla desde atrás, de Wilkes un defensor, dio conmigo en el suelo. Me levanté como un rayo, enfurecido y le encajé un "trompadón" en el ojo izquierdo. Cayó. Se arremolinaron los compañeros, con mirada acusadora. Lo llevaron para hacerle fomentos de agua fría. Pero el ojo se hinchó y se amorató irremediable y exageradamente. Mi calificación mensual de conducta descendió hasta rozar la que significaba expulsión. Desde entonces, el Padre doctorado en derecho canónico Juan Carlos Aramburu que era Vicerrector y me conocía desde niño dejó de llamarme "Quito" y se dirigió a mí como Mariani. El castigo me dolió, pero sobre todo, me resintió. Si había pegado y recibido trompadas en mis años del primario, cuando la envidia por mis buenas notas hacía que

algún compañero me llamara "*ganchudo*" ésta fue la culminante. La más eficaz y, al mismo tiempo la que me hirió,
con sus consecuencias, en lo más hondo.

Este paisaje denso
de anversos y reversos,
este paisaje humano
que me asombra y me asusta
este paisaje, hermano,
es también mi paisaje.

(de *"Espacio"* poemas)

Diez

Dudas, deseos, temores. Desde mi ingreso en el trienio de Filosofía, comenzaron los remolinos interiores con todo ese contenido. Mi perspectiva de tener una familia se fue colando en la seguridad de mi vocación al sacerdocio célibe. También mi sexualidad comenzó a inquietarme. Comenzaron las consultas con todo el mundo. Mis directores espirituales, mis superiores, personas importantes que llegaban de visita. . . etc. Todos me aseguraban que se trataba de algo transitorio. A fin de ese año me designaron como colaborador en la disciplina y formación de chicos del Seminario menor, en la Casa de campo de Los Molinos. Con esta responsabilidad de por medio, pareció que se acababan mis dudas. Cuando concluyó ese período, el trato con los chicos había servido de acicate para un deseo muy hondo de llegar a tener mis propios hijos. Al presentar mis dudas, quería que todo el mundo supiera que se trataba de un noble ideal, y no simplemente de una pulsión sexual que yo seguía considerando baja e indigna. Lo expresaba de este modo:

-Lo que yo quiero es, simplemente, tener mis propios hijos. Nada más. Si esto se pudiera lograr con sólo dar la mano, a mí no me importaría otra cosa.

Pienso que quienes escuchaban estas expresiones, sonreirían interiormente ante mi ingenuidad.

Me aseguraron que tendría muchos hijos que, aunque no fueran propios, compensarían mis deseos de ser padre. Después, cuando a los 23 años ya exponía mi inclinación a tener una familia "completa", mi director espiritual, con un escrito de muchas páginas, tiró por el suelo mis vacilaciones convirtiéndolas en tentación y alentándome a superarlas, para responder al privilegiante llamado de Dios. Me ordené de sacerdote el 2 de Diciembre de 1951. Mi primer destino Villa María.

La novedad de una ciudad desconocida, el trato afable de la gente de la parroquia, los jóvenes y chicos arremolinándose alrededor de mi juventud y mi sacerdocio, ocuparon en Villa María mi espacio interior.

Fui muy observante de todas las reglas establecidas y consejos recibidos. Dedicación generosa y sin límites al servicio ministerial. Esfuerzo por no salir nunca de visita solo, así como prudencia para concurrir a lugares de diversión, acompañado siempre por mis hermanos sacerdotes. Periódicos ingresos al Templo para cultivar la oración frente al Ssmo. Sacramento, que me salvara de los múltiples peligros acechantes Cuidado de no mirar a las mujeres, sobre todo jóvenes, a los ojos. El Director espiritual nos había clavado la máxima: *"No miréis nunca a una mujer a los ojos. El diablo se asoma por ellos"*. Cumpliendo esta regla, llegué después a darme cuenta de que, aún mirando de la boca para abajo, había otros diablos asomándose. Respeté cuidadosamente todas las prescripciones litúrgicas. No me atreví a quitarme nunca en público la sagrada vestidura talar. Era nuestra gran defensa contra el mundo.

Esta rigidez para conmigo mismo, me hacía también extremadamente rigorista para con los demás. Como si alimentara una especie de sed de venganza. En una oportunidad, al prohibir la entrada al templo a una señora que no llevaba mangas hasta debajo del codo, como estaba reglamentado, provoqué la indignación de sus acompañantes. Se armó un escándalo y corrieron a denunciarme. Se trataba de guardaespaldas de una presidenta de Unidad Básica de San Vicente. Llegaron policías y respetuosamente me invitaron a acompañarle. Había violado un Código de Faltas recién aparecido que penaba la provocación de escándalos en lugares públicos.

Es gracioso. Mi primera entrada en la policía se debió a unos centímetros de tela. Los que van desde el brazo hasta el antebrazo.

En el asunto de los métodos anticonceptivos era inflexible. He visto, y ahora lo recuerdo con mucha vergüenza, retirarse llorando del Confesonario a gente grande, porque les había negado la absolución en una fiesta de Pascua. Yo tenía apenas 26 años y esas actitudes me hacían sentir superior, como representante inflexible de una Iglesia santa y de un Dios implacable.

Sin embargo, tenía como una intuición de que algo no andaba bien, pese a mi voluntarismo para cumplir con todo.

Cuando aquel encuentro privado con B, encargada del grupo de chicas aspirantes de Acción Católica, me causó un profundo estremecimiento interior, comencé a sospechar que por allí marchaba la causa de mis inquietudes.

Nos seguimos viendo y reuniéndonos con el grupo de responsables, como si nada hubiera pasado. Ambos sentíamos que, aun sin mediar palabras, nos estábamos comunicando que nos necesitábamos. Y ambos tratábamos de descargar nuestras ansiedades en la atención de las tareas con los chicos.

En una oportunidad, los padres de un muchacho a quien había conocido casualmente, vinieron a buscarme de madrugada para que los acompañara a la Clínica Cruz Azul. Desesperado porque los padres de su novia no le permitían verla, había consumido sedantes en exceso y estaba moribundo. Requería mi presencia. Me rogó, como última voluntad, que fuera a la casa de la novia y pidiera a los padres que la dejaran estar junto a él en ese momento final. Eran las tres de la mañana. Fui y, considerando mi estado sacerdotal, los padres accedieron. Me asusto ahora de mi atrevimiento y hasta del abuso de mi prestigio sacerdotal. El muchacho, después de unas horas del lavaje estomacal reaccionó favorablemente.

Después, el noviazgo finalmente se rompió.

Esto me hizo comparar mi propia historia y mis ansiedades con las suyas. Y me descubrí muy cerca de la misma frontera.

Superficie la piel y fondo el alma mi lago
con tu figura estremeciéndose.
Y envuelto en tus ternuras mi ser
como naciendo nuevamente.
Mi costilla encajada en tu estructura
tus huesos y tu carne raíces en los míos
y el tic-tac con resabios de infinito
con momentos de siglos
y siglos de minutos

(de *"Enhebrando horizontes"*)

Once

Un lugar. Nos hacía falta un lugar. En nuestros encuentros esporádicos, cuando nos entendíamos con palabras sueltas o gestos clandestinos, estábamos de acuerdo en que necesitábamos un lugar para citarnos sin testigos, para expresar y profundizar esa fiebre interior que nos consumía.

El verano convertía las orillas del Río Tercero, límite entre Va. María y Va. Nueva, en un lugar atrayente. Solía llevar a los chicos entre 11 y 13 años, aspirantes de Acción Católica, a gozar en el agua, después de una breve reflexión formativa, e inventaba diversas aventuras para aprovechar en el juego, los abundantes islotes del medio del río, poblados de una vegetación abundante, propicia para los escondites y las búsquedas.

Yo fui quién sugirió el lugar. En una siesta de jueves, el día de reunión de los Aspirantes, podía dejarlos al cuidado de los Delegados y, con la excusa de descansar, alejarme hasta uno de los islotes cercanos. Lo planeamos al detalle, por escrito. Ese día, me había provisto de una manta. Los chicos preguntaron y respondí que estaba muy cansado y mientras ellos jugaban yo me iba a brindar una siesta al aire libre. Los delegados se encargarían de que no me molestaran.

B iría en bicicleta por el lado de Va. Nueva y podríamos estar juntos. Trataba de mostrarme sereno ante los chicos y los jóvenes encargados de su formación. Temía que se descubriera en mi rostro o mis palabras la ansiedad que me devoraba. La más terrible de las complicidades es la complicidad con uno mismo.

Todo se desarrolló como estaba previsto. Ella con una malla de baño enteriza que ocultaba y al mismo tiempo resaltaba su cuerpo. Recordé los últimos días de noviembre en que, convocado para dar charlas a las alumnas de los Colegios religiosos sobre los peligros de las vacaciones, les decía que tenían que llevar mallas enterizas. Comenzaba entonces el escándalo de las biquinis. Nada impide desnudar lo que la intención quiere desnudar.

Yo esperaba con mi torso desnudo. Secándonos la humedad que traíamos del río, nos acostamos. Conversamos, tomados de la mano, mirando hacia las copas de los árboles, con besos intermitentes. Se trataba, absolutamente, de mi primera experiencia. Era maestro de muchas cosas. En ésta, a pesar de que los compañeros del primario me habían enseñado que a las chicas había que mirarles las piernas, sin que yo entendiera por qué, me encontraba completamente novato. Mis experiencias infantiles no iban más allá de los juegos con las chicas, a las "visitas" y al "doctor". Mi mente grababa estos instantes paso por paso. Hoy, al proyectarlos para su traslado al papel, los estoy viviendo de nuevo, estremecido. Llegó el momento en que, delicadamente decidimos expresarnos nuestro amor ardiente y definitivo. Podía escuchar mis palpitaciones, extasiado ante la maravilla del cuerpo que se me ofrecía. Lo abarqué pegándome a él con el sudor de la piel y la fiebre del corazón. Estuvimos así unos instantes. De repente cesó mi excitación. Había concluido mi proceso. Ella rompió en llanto. Me coloqué a su lado, llorando también, decepcionado de mí mismo. Pasaron unos minutos y ella, bondadosa, me explicó que entendía lo que había pasado. Había escuchado y leído que podía suceder como cosa transitoria, en el varón, cuando se trataba de relaciones sexuales primerizas y había demasiada ansiedad. No hablamos mucho más. Nos despedimos y volví, con la manta al hombro y el rostro congestionado, a los chicos y a sus juegos.

Esa noche fue terrible. Había traicionado mis promesas y mis ideales. Había echado por tierra mis principios y los que yo trataba de inculcar en los demás. Había iniciado la pendiente de mi condenación eterna. Recordaba las advertencias del director espiritual. Las relaciones con mujeres son como el Credo: empiezan en "creo en Dios Padre todopoderoso" y terminan en la "resurrección de la carne". Se añadía a esto mi fracaso varonil. Dormí a retazos y sobresaltos. Celebré la Misa, a la mañana siguiente, con el peso de la hipocresía y la traición. Me quedé arrodillado en un banco de la iglesia, con la cabeza entre las manos, hasta dormitarme. El párroco que me esperaba para el desayuno, vino alarmado.

-¿Qué te pasa?

Lo miré, temiendo que adivinara. Y no pude responder otra cosa .

-Nada. Un mareo.

Y lo acompañé a desayunar.

Cuando ella llegó, por la tarde, llena de sonrisas, yo no era dueño de mi rostro. Me saludó y le dije, así, sin vueltas:

-B,   te quiero mucho pero tenemos que terminar con esto. Yo no puedo. . .

Ella levantó la mano como deteniéndome y alejándose me dijo:

-Ya lo vamos a arreglar. No te preocupes.

Las noches fueron disminuyendo su peso horrible de conciencia de traición y de fracaso. Pero se llenaron de preguntas. ¿Se puede renunciar a un amor así? ¿Hasta dónde fui consciente cuando renuncié a él, de lo que significaba realmente, si no me había permitido ninguna experiencia? ¿No es artificial y maliciosa esta incompatibilidad entre el ejercicio del sacerdocio y el amor a una mujer? . . .

Nos seguimos viendo sin referirnos al asunto.

La novias de curas tienen que aguantar, en la mayoría de los casos, esta casi necesaria ambigüedad. Además de mi experiencia, cuento con muchos testimonios confidenciales. Pasión y arrepentimiento. Entusiasmo y desencanto. Aprecio y menosprecio. Extasis y culpa. La alternancia entre estas reacciones resulta con frecuencia, angustiante. Este era el sufrimiento de B. No tenía dudas de mi amor, pero quedaba desconcertada por la interrupción de mis gestos de afecto y el rechazo de sus saludos expresivos aun en privado. Era como tratar con dos personas distintas.

Una mañana, durante la Misa celebrada por el párroco, entró directamente hacia el Confesonario. No había otros penitentes. Me abordó directamente.

–*Amor, me dijo, yo no puedo soportar esta situación. Estamos jugando al amor y con el amor no se juega. Tenemos que hablarlo en serio, tranquilos y definitivamente.*

Ya tenía esbozado un plan. Me lo propuso y lo acepté.

Sobre el espejo de tu arroyo
espero, ansioso sauce,
que amanezca abrazado mi reflejo.
Estoy creciendo con los álamos
hasta la altura de tu cielo.
Para abarcarte en los rincones más ocultos
estoy haciéndome un enredo en los helechos.
Y tengo sed
pero las nubes se me escapan con el viento
y quiero piel pero la cáscara es corteza del infierno.
Y sueño al sol
con la mirada enceguecida de destellos
Y al despertar
mi almohada guarda tus cabellos.

(de *"Goteras de infinito"*)

Doce

La disposición del celibato para los clérigos se originó en un Concilio regional, Illiberitano (de Elvira). A principios del siglo IV, quizás con intención virtuosa, se estableció como práctica habitual. Se fue intensificando bajo la motivación de que el dominio de la sexualidad personal, era el mayor signo de la madurez humana. Una madurez indispensable para estar al frente de una comunidad. Trento la convirtió en condición para la ordenación sacerdotal.

Quizás alguna vez en alguna parte haya habido célibes con abstinencia sexual perfecta, sin resentimientos, sin represión, sin histeria. Mi larga experiencia ha constatado muchas desviaciones de la sexualidad, bajo el pretexto de desechar a la mujer. Además de las inclinaciones homosexuales que pueden darse hasta genéticamente, y hacia las que tengo absoluto respeto y que, como las heterosexuales, son abarcadas en la renuncia a su ejercicio por el compromiso del celibato, he constatado muchas otras conductas desviadas e hipócritas. Aprovechamiento de la autoridad y el prestigio sacerdotal para acosos, abusos y perversiones, clandestinidad de relaciones con mujeres casadas, abandono y desprecio condenatorio de quien hubiera quedado embarazada. Esto, mezclado a otras conductas que si bien pueden considerarse naturales , deben ser ocultadas por la severidad de la legislación eclesiástica y el prestigio clerical.

En nuestros días se han destapado muchas actitudes y acontecimientos que han preocupado a la Iglesia oficial, no sé si por la publicidad de los hechos, las indemnizaciones exigidas por las víctimas, o realmente por una actitud moral y ética. Muchos hechos permanecen ocultos. Lo más frecuente es, creo, la actitud de quienes mantienen una pareja estable, como necesario complemento humano *("no es bueno que el hombre esté solo, quiero hacerle una compañía adecuada"*) pero deben soportar la clandestinidad de sus relaciones y, desde luego, de los hijos nacidos de esta convivencia.

¿Tiene sentido mantener esta disciplina como obligatoria y permanente? ¿No es llanamente una oportunidad para la hipocresía o la frustración personal? Ese mirar hacia otro lado practicado por la autoridad eclesiástica en varios casos ¿es tolerancia comprensiva o complicidad? ¿basta con el traslado de un lugar a otro para quedarse tranquilo?

Hay severos defensores del celibato. Que sean auténticos en este sentido, no lo puedo negar. He conocido pocos, que no hayan orientado su vida hacia uno de los grandes enemigos del hombre y del amor: el dinero o el poder. Entre los que han logrado o están buscando ascensos, suele darse una castidad casi perfecta. También entre los que han dedicado su vida a juntar dinero. Por otra parte, es frecuente encontrar en estas personas una actitud de resentimiento y amargura que los hace habitualmente malhumorados.

Entre quienes, con mentalidad abierta, se muestran comprensivos y abogan por un cambio en la disciplina eclesiástica, no son pocos los que, en la "medida de la fragilidad humana", son fieles a este compromiso asumido ante la comunidad.

He recibido presiones para no expresar estos criterios, por otra parte muy compartidos por muchos que prefieren guardar temeroso silencio. Creo que no se hace ningún bien a nadie, ni a la Iglesia, callando sobre estas cuestiones, a pesar de las disposiciones de los Pontífices romanos en ese sentido. En el Grupo sacerdotal Enrique Angelelli al que pertenezco desde siempre, hemos logrado una comunicación espontánea y transparente. Todos sabemos cómo obramos y cómo pensamos. Tanto que, en nuestros Ejercicios espirituales de cada año, el Sacramento de la Reconciliación lo celebramos comunitariamente, desnudando nuestra realidad ante los demás, convertidos en ministros del perdón de la Iglesia y en expresión de la fuerza del Espíritu para apoyarnos en la continuidad de la lucha y del servicio.

Y ¿ qué hay de los criterios de los laicos? Creo que sólo a los muy ingenuos no se les ocurren objeciones. Ya muy pocos creen en la "perfecta y sublimada abstinencia clerical". Pero todavía, oficialmente " *de eso no se habla*".

Hay infiernos esgrimidos
por el dedo amenazante
de farsantes.
Y hay espacios exclusivos
de los puros carcomidos
de soberbia.
Reclamamos un espacio para vernos
por encima de las tapias de la muerte.
Escaparnos de las formas y los miedos
y en un vuelo clandestino entre las nubes
atrevernos al amor,
gustando el riesgo de ser libres.

(De *"Espacio"* poemas")

Trece

"Sepulcros blanqueados llenos de podredumbre ¡hijos del diablo! ¡hijos de prostituta!" (Mt.23,Lc.11) (Juan 8)
Jesús de Nazaret insultaba, y ¡feo! Su indignación era causada por la hipocresía. Perdonaba todos los pecados. Pero éste, el de la hipocresía, parecía el único imperdonable. El único pecado contra el Espíritu.
Su Iglesia, debió contagiarse de ese horror a la hipocresía. Lamentablemente, de acuerdo al juicio de muchos, parece con frecuencia un nido de hipócritas. Hay muchas cosas que se le pueden perdonar: cobardías, silencios, negociados, abusos sexuales, complicidades con el poder, fomento de divisiones y guerras, severidades exageradas que imponen cargas insoportables, falta de actualización. Pero las hipocresías fomentadas y defendidas no pueden disculparse. Porque la transparencia de la vida, incluso mostrando las imperfecciones y pecados, es el único camino para la conversión. La hipocresía que pretende hacer creer a los otros una falsedad, termina engañándonos a nosotros mismos.
Tengo que reconocer que, en mi formación al menos, la consigna del secreto sobre los defectos o transgresiones era sumamente exigente. Cuando algún compañero era expulsado del Seminario, la explicación más elocuente era "se fue, no tenía vocación". Cuando algún sacerdote abandonaba el ministerio y decidía contraer matrimonio, la comunicación era. "Se fue a vivir a otro lado y ya no tenemos noticias". Cuando se conocía que algún miembro del clero andaba en malos pasos, se nos anunciaba públicamente:- *hay que rezar mucho por un sacerdote que lo necesita.* Nunca sabíamos si era porque estaba enfermo o porque estaba por casarse. Como decíamos con cierto humor: *A unos los lleva el Señor, y a otros, la señora.*

Eran tiempos en que si nos confesábamos de haber hablado mal de un sacerdote, se nos imponía una penitencia severísima. Constituía pecado grave contribuir al descrédito de la institución. Por supuesto que a nadie se le podía ocurrir criticar o denunciar a un Obispo. Seguramente Storni, el ex Arzobispo de Santa Fe, acusado de acoso sexual a seminaristas, hubiera marchado a las mil maravillas. Ninguna Wornat, la periodista que investigó los testimonios, se habría atrevido a destapar la olla de sus aberraciones.

Junto a esta consigna del secreto, que mantenía en alto el prestigio eclesiástico entre la gente de pueblo, en base al temor de los castigos temporales y eternos, el clero ejercía una especie de caudillismo que, sobre todo en las poblaciones pequeñas, lo convertían en árbitros de todas las decisiones. Con toda razón entonces se hablaba de la Iglesia como factor de poder. Y aun tiene vigencia esta presencia presionante en muchos aspectos de nuestra vida social. La experiencia dice que los políticos que se metieron con la Iglesia, acabaron mal. Y no por intervención diabólica o divina, sino por los resortes de poder e influencias que maneja la institución eclesiástica.
Las figuras veneradas en nuestro Seminario por los años 40, eran verdaderos párrocos caudillos. El Derecho Canónico les concedía el privilegio de la inamovilidad. Pio Angulo en Bell Ville, Lindor Ferreyra en Villa del Rosario, Horacio Ferreyra en Santa Rosa de Río Primero, Tejerina en Laguna Larga . . . etc además de haber emprendido obras muy importantes para el progreso del pueblo, gracias a sus influencias, mantenían una disciplina absoluta en la grey católica, pronta a defenderlos de cualquier ataque proveniente de los ateos o herejes. También José Gabriel Brochero pertenecía a esa generación y estilo.
Una anécdota, pinta muy al vivo esta realidad.

Un grupo de muchachos, en una esquina, ve pasar a un cura envuelto en el negro hábito clerical. Sonrisas burlonas y comentarios en voz baja. Uno, sin embargo, se atreve a decir, como aviso de alarma:

-*Cura! Toquen fierro!.*

Y el cura Leal, que había sido diputado demócrata y en esos días se desempeñaba como Canónigo catedralicio (una especie de senado en la Organización eclesiástica diocesana), llevó por el bolsillo de la sotana la mano hacia la cintura y desenfundó una pistola, ofreciéndosela por el caño al atemorizado muchacho, mientras le decía

-*Tocá fierro, aquí tenés!*

La consigna del silencio ha sido rota, gracias a la libertad de expresión proclamada como un derecho inalienable y la consecuencia casi inmediata de las investigaciones periodísticas que no dejan rincón sin hurgar. Así han caído muchos mitos de virtudes que, en Estados Unidos, por ejemplo, han desnudado un rostro clandestino de la Iglesia, que ha originado una carga muy pesada, si sólo se consideran las elevadas indemnizaciones que deberá pagar la Institución, por diversas denuncias sobre abusos y perversiones.

Debo confesar que me ha quedado un sabor amargo en la boca y en el alma, con todo lo que yo mismo he conocido y experimentado en este sentido. Me guardo muchas cosas que conozco. Revelarlas no traería otra consecuencia que una generalización injusta que pusiera a todos en la "misma bolsa", además de herir inútilmente la fama de personas consideradas impecables. Realmente, ni lo quiero así ni constituye de modo alguno mi objetivo. Pero frente a mí mismo, no puedo ser hipócrita . Y por eso me arriesgo, anticipándome a muchos de los juicios que se expresarán sobre este libro de memorias, sin tapujos.

Victorias traicionadas
por derrotas vendidas
Verdades ocultadas
por cobardes mentiras
predicadores negros
para mensajes blancos
profetas del silencio
con majestad de santos.

(de *"Espacio"* poemas)

Catorce

El plan se puso en marcha. B viajó con tres amigas a una localidad serrana en que había un pequeño Festival. No había comenzado todavía la época de los Grandes Festivales. La familia de una de las chicas, tenía allí una casa de fin de semana. Ella se arreglaría para que un día, las compañeras salieran con sus amigos a pasar el día. Viajé, arguyendo una visita a mis padres en Villa del Rosario.

B me estaba esperando, sentada en la amplia galería de la casa de los padres de su amiga. Seguramente a nadie le llamaba la atención mi sotana, pero a mí me parecía que todos los ojos se fijaban en mí, cuando me iba acercando a la casa. Llegué muy nervioso, pero la paz de B me tranquilizó. Conversamos, tocando profundamente el tema de nuestra relación y la opción que significaba. Llegamos, paso a paso, al momento culminante de la comunicación. Lo vivimos en plenitud. Cuando seminarista mayor, leyendo un libro de J. Cronin "La noche fatal" me había impactado la descripción de un encuentro amoroso entre los árboles de un parque. Casi tenía conciencia de repetir esos detalles. B se admiró de mi desconocida destreza y me preguntó ¿has estado con alguien distinta a mí? No me costó convencerla.

En la serenidad del deseo saciado, continuamos nuestros razonamientos. Acordamos encontrarnos con prudencia, hasta que en Marzo, ella comenzara a viajar a Córdoba para iniciar sus estudios en la Facultad de Agronomía. Allí las cosas podían ser manejadas con mayor tiempo y serenidad y podríamos fundamentar y preparar una opción definitiva.

Alguien traspasó el muro de nuestro amor secreto. ¿Las compañeras de aquel viaje? ¿Mis colegas curas de Villa María, que habrían advertido algo, aunque nunca me lo dijeran? ¿Los hermanos de B, que eran cinco?

Lo cierto es que mientras yo estaba de vacaciones en febrero, la familia decidió trasladarse a Buenos Aires aceptando un ofrecimiento de gran perspectiva económica. Todo se alteró. Los estudios de B ya no se realizarían en Córdoba. La decisión había sido tan repentina que no hubo tiempo de poner objeciones o buscar otras soluciones. Recibí, con bastante atraso, una larga carta suya. Me contaba los detalles que yo conocía. Me hablaba de su sospecha de que el gran motivo del traslado de toda la familia, era impedir el escándalo que causaría el destape de nuestra relación. En su casa, vaya a saber por qué medio, la habían conocido. Me alentaba con la esperanza de que ella haría lo imposible para solucionar este alejamiento.

Cuando volví a Villa María, antes del final de mis vacaciones, la familia ya se había marchado. Me lo comunicaron, como la cosa más trivial, mis compañeros sacerdotes. Con mentalidad providencialista, que ahora rechazo absolutamente, pensé: "si Dios lo ha dispuesto, por algo será". Ingresé en un largo período depresivo, del que me sacaron, imprevistamente, los acontecimientos del 55, comenzando por los culatazos del 15 de Junio. No me dolieron tanto, como el arrancón que llevaba adentro.

Hubo entonces en mi vida, un corte de luz. Sin el bastón blanco, comencé a caminar mi oscuridad.

> La soledad es peor que la ceguera,
> si no fuera por ella
> este invierno de sombras
> sería muchas veces primavera.

(de "Goteras de infinito")

Quince

"Si alguien ama a su padre o a su madre mas que a mí, no es digno de mí" (Mt.10,37)

Había conciencia por entonces, de que una formación sacerdotal debía apartar al candidato de la familia que, necesariamente, había dejado en él sus moldes impresos. En favor de esta opinión se aducían algunos dichos de Jesús, como el que comienza este capítulo, aparentemente descalificantes de la familia. Todo esto, porque no se tenía en cuenta el contexto cultural del tiempo de Jesús, que había convertido al núcleo familiar en el bastión de resistencia para todo cambio. Los estudios bíblicos eran prácticamente nulos. La Iglesia se había estancado en una historia de luchas por el poder, y la Biblia había sido relegada a segundo término, dejando el primero a la Jerarquía eclesiástica.

Sólo allá lejos, en Jerusalén, un apasionado biblista, el P. Lagrange, propiciaba excavaciones e investigación que daban la luz indispensable para interpretar el mensaje de la Biblia Los "muy católicos" no le hacían caso. Ya disponían de suficientes devociones para salvarse. Otros optaban por aliarse a la Jerarquía en la actitud persecutoria de quienes se resisten a abandonar falsas aunque aparentemente indispensables seguridades. Debido a todo eso las interpretaciones más frecuente de los pasajes bíblicos se atenían a la letra y resultaban fundamentalistas.

Aquella familia que en el régimen patriarcal discriminaba los sexos y se convertía en el núcleo de resistencia al cambio por una estructura señaladamente fundada en los derechos a las posesiones materiales, no ayudaba al seguimiento de Jesús. Los vínculos afectivos, admitidos hoy como la gran riqueza de la familia, no datan de mucho tiempo atrás. El amor como constitutivo esencial de la pareja, tampoco. Las conveniencias de dinero y de clase primaron durante largas etapas. Hoy, por el contrario, lo afectivo es considerado fundamental para la realización y madurez de la persona. La mejor oportunidad de lograr firmeza en la personalidad capacitándola para afrontar todos los desafíos y cambios. El discurso de Jesús sería seguramente distinto en este contexto

Mantuve siempre muy vivas mis relaciones familiares.

Nunca acepté interiormente ese plan de Seminario que sólo nos permitía cinco encuentros al año con nuestros padres, y diez días de convivencia en tiempo de vacaciones. Recuerdo que en las Congregaciones religiosas se exigían cinco años de completo aislamiento antes de volver a relacionarse con la familia. Así, la Congregación se convertía en la familia. Excelente método para preparar un lavado de cerebro, en el absoluto desamparo.

Durante los años finales de mis estudios en el Seminario, recibí ofrecimiento para ir a estudiar a Roma. Me propusieron, en una oportunidad derecho canónico, en otra sagrada escritura y en una tercera música. Además de mi vacilación vocacional, nunca me creí capaz de aceptar el alejamiento de mi familia. En mi lugar fue a Roma, para derecho canónico, Enrique Angelelli. Para sagrada escritura, Felipe Negrito

Mi traslado desde Villa María a Río Ceballos, una hermosa localidad serrana, se produjo en 1957. Hacía 40 años había sido sede parroquial de una jurisdicción muy amplia, denominada "Anejos Norte". En 1917 pasó a ser capilla filial de Villa Allende. Con mi llegada, se restablecía la categoría de Parroquia. Todo lo había dispuesto el Arzobispo Laffite, que ya ejercía el Arzobispado de Buenos Aires. Ramón Castellano, su Obispo Auxiliar a cargo de la Diócesis de Córdoba, aceptó la sugerencia de trasladarme. Se trataba de una señal de aprecio. Mons. Laffite conocía que, un mes después, la región de influencia de Villa María sería declarada independiente de Córdoba, creando una nueva Diócesis a la que resultarían incardinados todos los residentes en el momento.

Esa fue la oportunidad de establecer contactos semanales con mi familia. Con mi moto Puch 250 y luego con la Jawa 350, llegaba cada Lunes a pasar el día con los míos, compartiendo toda la realidad de su vida. Creo que la dosis de normalidad que conservo, esa que a veces me señalan diciendo que "soy muy humano", está sostenida por ese contexto familiar nunca interrumpido.

En plena temporada turística, Río Ceballos me recibió con clima de fiesta. Las exigencias de una pastoral especial absorbieron mi tiempo y mis preocupaciones. Regresé dos veces a Villa María, dirigiendo un Coro que había formado en Río Ceballos. Con delicadeza, traté de recoger detalles sobre B y su familia. Alguien se había anoticiado de su reciente matrimonio. Cerré un capítulo que guardaba todavía mucho material sin explorar

Gozaba de toda la confianza de la Jerarquía. Continuando con mi estrictez , fruto seguramente de mi inseguridad juvenil, a poco andar cometí un atropello tremendo. Al morir una Sra. de la localidad, su esposo, junto al cajón, durante el velatorio, desesperado, se descerrajó un disparo en la sien. El derecho canónico prohibía la sepultura eclesiástica de los suicidas. Ya entonces, eso resultaba un anacronismo, como muchas disposiciones que hoy se siguen manteniendo, por motivos de ejemplaridad. Yo me consideraba soldado fiel. Admití a la esposa en el terreno sagrado del Cementerio, que era de jurisdicción parroquial, y relegué al esposo al terreno de los "disidentes" en una parcela lateral. Como es de suponer, se armó una polémica tremenda, que ocupó varios espacios de diarios nacionales. Mi "deformación" estaba dando sus resultados antievangélicos *No es el hombre para la ley sino la ley para el hombre"* (Mc.2,27) había sostenido Jesús. Yo había dado primacía a la ley sobre el amor que es el mayor de los valores humanos.

Logré remontar este inconveniente, con mi dedicación ilimitada al servicio comunitario, mi optimismo juvenil, mi facilidad para las relaciones humanas, y la tolerancia de quienes habían vivido mucho tiempo sin el contacto permanente con el ministerio de un sacerdote.

Hay quienes mueren de fuego
en un final de cenizas
Y hay quienes quedan tizones
de presencia sin aristas.

(de *"Poemas de carne y hueso"*)

Dieciseis

Murió a los 76 años. Justo a la edad que tengo yo actualmente. El último gesto fue tomar las manos de mamá y mi hermana que estaban a su lado y mirándonos a nosotros al pie de la cama, levantarlas como en una ofrenda, con los ojos hacia arriba, para dejarlas caer inmediatamente, con los ojos cerrados para siempre. Sin una palabra, sin un quejido. En ese misterio tan profundo como la vida, que es la muerte. Así se fue papá.
Había vivido una vida inquieta y fecunda. Alumno del Colegio La Salle que entonces, para conservar el espíritu del Fundador, disponía de una sección del Colegio de Villa del Rosario que se denominaba de los "gratuitas", porque los que acudían a ese sector no pagaban la mensualidad necesaria para el sostenimiento de la educación. No avanzó más que hasta el cuarto grado. Los gratuitas tenían patio de tierra para los recreos, los "pagos", de baldosas. Las aulas de los pagos eran revocadas y pintadas, las de los gratuitas, de ladrillo desnudo. A los "pagos" que se rebelaban o resultaban indomables, se los enviaba a la Dirección y se llamaba a los padres. A los difíciles de los gratuitas se los expulsaba. A papá lo expulsaron. Se escapaba vuelta a vuelta del Colegio porque le interesaba más que la disciplina y el estudio, conseguir unas monedas acarreando las valijas de los huéspedes de la Fonda que tenía mi abuelo al frente de la Estación de trenes, antes de dedicarse a cultivar la tierra.
Maestro de pala en la panadería de su padre cuando del campo la familia emigró nuevamente al pueblo, trabajó constantemente con él hasta heredar la panadería. Dedicado fervorosamente a todo lo que significaba servicio y progreso comunitario, fue Concejal, Intendente, Presidente de Cooperadoras Escolares, Consorcios camineros y

Asociación de panaderos, Juez de paz lego y gran discursea-
dor, porque en todas partes lo requerían para que dijera
"unas palabras".

Con un gran sentido común suplió sus deficiencias de información escolar y llegó a ocupar las distintas responsabilidades sociales que se le confiaron, con acierto y sensibilidad. De manera especial con una gran honestidad. Nunca
quiso durante los cargos oficiales que le hicieran aportes
jubilatorios. Era dinero que había que ahorrar para la comunidad porque él ya tenía su aporte como autónomo. Así fue
como, después de largos trámites logramos una mínima jubilación por invalidez para llegar a la cual hubo que renunciar al beneficio de la de autónomos. De temperamento alegre y bromista, cazador siempre dispuesto a salir con la es-
copeta al hombro, no toleraba sin embargo ninguna explosión. Bombas de estruendo o "cebitas" de las pequeñas pistolas de juguete lo ponían fuera de sí. Mi hermano Cacho
que, durante mucho tiempo viajaba en motocicleta con una
pistola a la cintura para cazar en el camino, heredó esa reacción de sobresalto ante cualquier explosión. Y le tocó
aguantar la bomba que en 1971 le pusieron en su propia casa
en Villa Allende, cuya detonación se produjo minutos después que él hubiera dejado el lugar en donde la depositaron.
Muchos rasgos de la personalidad de mi padre están también
en mí, con sus ventajas e inconvenientes.

Fue mi padre
tuvo la dimensión de la caricia
de mano fuerte.
Era como la brisa
si no estaba notábamos su ausencia
y hacía imperceptible su presencia.

Sus manos trabajaron desde joven
el agua y el harina
y amasaron el pan de los inviernos
sin dejarlo faltar en nuestra mesa
al precio de vigilias y asperezas.

(de *"Espacio"* poemas)

Diecisiete

-El avión de Uds. ya partió.
Fue la noticia que el asombrado changarín nos espetó, cuando nos disponíamos a ingresar en la sala de espera con papá y otro acompañante, regresando del almuerzo en el Restaurant de Ezeiza que la Empresa nos había ofrecido gentilmente.
Mi primer viaje en avión ¡y lo había perdido!
Descendía por las escaleras, justo en ese momento, la azafata que después de hacernos descender del KLM que nos llevaría a Madrid, nos había invitado a almorzar, mientras se reparaban un desperfecto descubierto antes de despegar. Como se había dado la contraorden inmediatamente después de que nosotros partiéramos rumbo al restaurant, ella olvidó el detalle de habernos avisado primero y allí estábamos ahora, sin ninguna posibilidad de embarque.
"No hay mal que por bien no venga" Aquel error fue la causa de que en mi primer viaje aéreo, que debía realizarse en un viejo cuatrimotor holandés, abordara un flamante Boeing 707 de Air France.
En Ablitas de Navarra, mi abuelo materno había muerto. Antes de esto, las noticias que llegaban clandestinas, por las cartas de mi madre a sus dos hermanas, dieron cuenta de mi ordenación sacerdotal. La familia me envió el cáliz para mi primera celebración. Esto reinició las relaciones cortadas durante tantos años. Mi abuela Inocencia pidió, enterada de que éramos dos los nietos sacerdotes, que alguno fuera a visitarlos. Me dispuse a cumplir con ese deseo a pesar de mi resistencia a los viajes. Y allí estaba, volando.
Gracias al error de la azafata de Ezeiza, aterricé en Orly en lugar de Barajas. En París, la Empresa me alojó en el Hotel cinco estrellas Lutetia. No salía de mi asombro por los signos de atención de los atildados "garçones" y la fastuosidad

de las instalaciones. Dormí en una amplia cama con cortinados dorados, pensando que estaba en las habitaciones de alguno de los Luises. Lo creía un sueño. ¡Y fue un sueño! Nunca más.

A la mañana siguiente todo había cambiado. Nadie me llevaba el apunte. Nadie entendía mi francés. Después supe la razón del drástico cambio. Había omitido le "pourboire" la propina. Estaba pagando piso, me estaba "civilizando", trabajosamente.

Viví días muy agradables compartiendo la modesta situación de mis abuelos, durante el régimen franquista 1961. Sin heladera ni lavarropas, sin instalaciones sanitarias, sin posibilidades de comunicaciones telefónicas fuera de las cabinas oficiales en ciudades importantes. Aproveché para dar rienda suelta a mis devociones. Visité Lourdes, Fátima, Asís, Ars, la Medalla milagrosa en París. La culminación iba a ser Roma, San Pedro, el Papa Juan.

Las visitas a esos lugares sagrados seguían su curso normal, el itinerario diseñado para los turistas. En Ars cuyo santo cura Juan María Vianney había sido declarado patrono de los párrocos, puse un interés especial. Tres cosas me llamaron la atención: el cuerpo incorrupto de Santa Filomena en la base del Altar mayor. La investigación ordenada por Pío XII había concluido afirmando que esa santa, con los detalles que de ella se conocen, nunca existió. Sin embargo allí estaba su cuerpo. La leyenda se sobreponía a la historia. La segunda, fue leer, al pie de la imagen de Juan Bautista, la sentencia "su cabeza fue el precio de una danza". ¡Qué manera de oponerse al baile el Santo Cura de Ars! La tercera, es más anecdótica. La guía nos llevaba de un lugar a otro con sus comentarios.

-*Aquí,* -decía en la habitación del Cura, mostrando la ropa de cama chamuscada por un incendio-, *el santo Cura sufrió las acometidas del demonio que, en una oportunidad quiso incendiar su lecho.*

Los visitantes hacían preguntas sobre la intervención diabólica. Un periodista que estaba a mi lado, ingenuamente, creo, preguntó:

-¿Fumaba el santo Cura?

Lo traspasó una cantidad de miradas escandalizadas. La mía también. Pero sonreí por dentro. Después, pasado el tiempo, me di cuenta de que el único modo lógico de explicar las sábanas chamuscadas, era que el cura se había dormido con el pucho en la boca, o se había olvidado de apagar una vela y al despertarse humeando, su obsesión antidemoníaca lo había hecho pensar que se trataba de un ataque del Maligno.

Siento que un arco tenso de golondrinas
se va ampliando en el tórax y me proyecta
hacia lejanas tierras de fantasía.

Amo tanto a mi tierra que no la quiero
doliéndome en el flanco de la impotencia
mutilada de anhelos y de futuro.

No he comenzado a irme y estoy volviendo
intuyo la importancia de ser presencia
para atenuar la angustia del tiempo oscuro

(de *"Enhebrando horizontes"*)

Dieciocho

Mi peregrinación se orientaba a Roma como meta final. Al Vaticano, centro del mundo cristiano. Me hospedé en el Colegio Leoniano por atención de un compañero sacerdote que estaba completando sus estudios en el Pio Latino Americano. La primera noche, en la conversación de sobremesa, los estudiantes venidos de todas partes, me dejaron frío con sus comentarios acerca de los dogmas católicos más importantes. Sus apreciaciones me sonaron a herejías. Me dormí tranquilo, condenándolos y, a la vez, disculpándolos como rebeldes y exagerados. Al día siguiente, nuevo escándalo. Se burlaban de la simplicidad y vulgaridad del papa Juan. El recuerdo estilizado y noble de Pio XII, con sus vinculaciones científicas, contrastaba con la simplicidad vulgar de este pobre y viejo campesino, que había además elegido un nombre polémico Juan XXIII, porque resultaba así ligado al gran cisma de occidente(378-1429) por un pretendido antecesor del mismo nombre.

Viví dos anécdotas muy simpáticas para mí, en ese sentido. Una, el día de cumpleaños del Papa, festejado especialmente por la comunidad franciscana de Roma en San Pedro. El Papa aludió a que en su juventud él también había sido terciario franciscano, "*debilidades de adolescencia*", dijo. Y provocó hilaridad. Luego, agradeció el valioso regalo que le habían hecho: un precioso cáliz de oro. Y añadió

-Hijos míos, muchas gracias por el amor que Uds. han puesto en este regalo. Pero sepan que en San Pedro hay muchos cálices así Y lo que el Papa necesita son medias, camisetas y otras cosas parecidas.

En otra oportunidad, la festividad de San Pedro y San Pablo, me habían conseguido un lugar especial para estar cerca del Papa, gracias a la influencia del Cardenal Cento que apreciaba especialmente a los cordobeses. Juan XXIII leyó su Homilía. Había seleccionado textos hermosos de los Santos Padres. La luz no era suficiente y dificultaba la lectura. Tartamudeaba. En un momento dejó los papeles a un lado y dijo:

-*O cambian el Papa o cambian el baldachino* (así se llama esa especie de tienda que protege el Altar mayor de la basílica de San Pedro). Y continuó su alocución con comentarios propios.

Todo esto y su trato de igual a igual con los cuidadores de los jardines vaticanos, disgustaba a la nobleza romana. Y parecía ridículo a los intelectuales. A todos sorprendió, cuando con profunda convicción de estar inspirado por el Espíritu Santo, convocó a un Concilio Ecuménico.

Roma era un muestrario de hábitos clericales de todos los colores y formas. Los seminaristas, en grupos, parecían bandadas de pájaros raros circulando por las calles. Símbolo, decían, de la universalidad de la Iglesia. Visité los Monumentos, los salones vaticanos, la Sixtina, la Basílica de San Pedro, al detalle. Quedé maravillado.

Comencé a percibir un tufillo burlón como reacción a mis comentarios sobre estas visitas, por parte de los compañeros del Leoniano. Poco a poco fueron despojándome de mi virginal candidez. Me hicieron ver el negocio de todo lo que parecía santo, la venta de las bendiciones indulgenciadas, las rivalidades entre los monsignorinos para ascender y salir del anonimato, la perversión de las costumbres clericales, los escándalos como el del Card. Ottaviani, Prefecto de la Congregación del Indice, severísimo en sus prohibiciones y condenas, que había vendido a la prensa norteamericana las fotografías de Pío XII en agonía, las verdades ocultadas oficialmente a los fieles cristianos considerándolos inmaduros. Entre los estudiantes hospedados en el Leoniano había arqueólogos, biblistas, lingüistas, historiadores. La avalancha de argumentos era tan aplastante que no tenía cómo defenderme. Y sucumbí.

Llegué al convencimiento de que estaba equivocado en mi opción por el sacerdocio. Y estuve muy cerquita también de pensar que mi error abarcaba la opción cristiana. ¡Cuánto engaño en lo que había recibido! ¡Cuántos golpes bajos! ¡Cuánta hipocresía! ¡Cuánto peso cargado sobre hombros ajenos! ¡Cuántas renuncias inútiles! ¡Cuántas victorias de juguete! Me desmoroné por completo. No tenía de dónde aferrarme. Todo el tiempo restante en Europa,   lo dediqué a mis parientes y a madurar mi decisión de abandonarlo todo, y volver a mi Argentina, libre y nuevo. Mi inclinación me orientaba hacia la medicina.

Con un nombre evangélico y polémico
sorprendió en su carácter de elegido.
Juan, el amor y "veintitrés" el cisma
quedaron en su nombre resumidos
Reapareció el Espíritu con fuerza en su
rostro de abuelo permisivo
Y el humor retornó a ser importante en
su hablar y en su andar de campesino.

Se reinstaló en el trono de San Pedro
la sonrisa del pescador sencillo
Y se abrieron las puertas de la Iglesia
visualizando al mundo como amigo.
Irrumpieron los signos de los tiempos
con pujanza y vigor desconocidos
Y en la Iglesia, barrida de intereses
irrumpió la sorpresa de un Concilio.

(de *"Poemas de confesión y denuncia"*)

Diecinueve

Fiesta de inicio del verano en el Federico C. Me había embarcado en el puerto de Barcelona hacía dos días. Como resultado de la lentitud de las comunicaciones, con la experiencia de que inicialmente había perdido el avión en Ezeiza, mis familiares estuvieron muy angustiados por mi suerte. En esos días precisamente, aparecieron noticias de dos aviones siniestrados. Un Comet 4 estrenado por Inglaterra, que explotó en el aire, y un Pan-Am caído en el Océano. Resolví entonces cambiar mi pasaje aéreo de vuelta, por un pasaje en barco. Tercera clase en el Federico C. Lo económico del costo del viaje tenía sus inconvenientes. Sólo podíamos subir a cubierta en ocasiones especiales, o acompañando a alguno de los viajeros de 1ra. Mi compañero de camarote, Antonio, era un español muy simpático, con el que muy pronto hicimos buenas migas. Recibimos invitación para participar esa noche del veintiuno de Junio, de la fiesta en cubierta. Nos animamos mutuamente y nos mezclamos con la gente de 1ra. Ocupamos una mesa, a la que muy pronto se acercaron dos muchachas catalanas. Conversamos, bailamos, jugamos, nos divertimos. Cuando concluyó la fiesta, una de ellas Marga, me invitó a su camarote.

-Ven, -me dijo- *que tengo allí un postre excepcional que te va a agradar sobremanera.*

Un camarote de primera clase era distinto. Me invitó a sentarme en un cómodo sofá, me sirvió un escocés con hielo y se sentó muy oronda, en el apoya brazos de mi sofá. Cruzó su brazo sobre mi cuello, me preguntó si me agradaba la bebida y doblándose sobre mi pecho succionó con sus labios los míos, preguntándome inmediatamente.

-Y esto ¿no te gusta más aun?

Gocé del camarote, que no tenía ese efecto de subibaja de los camarotes de abajo, gocé de la brisa marina, gocé de la bebida, gocé del lecho, y gocé con el cuerpo de aquella catalana fogosa, evidentemente más experimentada que yo.

Ya el sol coloreaba el horizonte prolongándose en el agua, cuando salí del camarote mirando hacia todos lados, temeroso de que algún custodio me echara en cara andar en 1ra. clase a esas horas. Cuando me estiré con un suspiro, en mi cucheta, Antonio acotó. *¡Cuántos suspiros como ese habrás recogido, pillo, con todo una noche de juerga!*

En adelante, las catalanas de arriba no nos llevaron más el apunte. De seguro encontraron gente interesada en su propio nivel. Lo comentamos varias veces con Antonio, mientras mirábamos hacia cubierta esperando alguna señal de invitación.

Fue en estos comentarios, llenos de bromas y alusiones a la inestabilidad de las mujeres, cuando Antonio adoptando una pose de seriedad me contó su historia. Viajaba a Brasil con su flamante título de Ingeniero Forestal. La vida se le había hecho imposible en su ambiente pueblerino natal, cuando decidió blanquear su condición homosexual. Nadie más que su madre, aún dolorida, lo comprendió. El resto, lo excluyó de toda consideración y aprecio. Ninguna de sus múltiples cualidades tuvieron valor desde entonces. Yo, en medio del remolino de mis ideas, resentimientos y proyectos, recibí su confidencia y traté de devolverle su autoestima. Había leído mucho sobre el asunto, desde que en la "Misión de Córdoba" por el año 58, me habían destinado a la Iglesia céntrica del Pilar. Allí había tenido que escuchar varias confesiones de homosexuales. Para mí resultaba una novedad conmovedora verlos tan avergonzados, con la mejor voluntad de superar su inclinación, pero con la evidencia repetida de la imposibilidad de lograrlo. Cada uno traía entonces una pesada carga de rechazo en los Confesonarios. Conocía los criterios de varios psicólogos que intentaban primero un encauzamiento heterosexual y, cuando resultaba torturante, buscaban una aceptación valiente de esta condición considerada anormal, para vivirla sin sentido de culpa. Mi aprecio por Antonio, que ya podía llamarse amistad, me hicieron explicitar todos los argumentos conocidos. El, que ya sabía mi situación de "cura" se extrañó de que no hubiera condena de mi parte, sino una sugerencia para seguir manejando su situación sin prostituirse, con la seguridad de ser así entendido por Dios.[1] Quedó mucho más tranquilo y pareció pensar con mucho más optimismo acerca de su futuro en Brasil. Aquellas largas conversaciones con toda la carga de resentimiento con Dios que "lo había hecho así" y con los que convirtieron en desprecio el aprecio y el cariño que le habían mostrado, sólo por confesarles esta inclinación de su sexualidad, significaron para mí un argumento muy fuerte para seguir estudiando este asunto. La familiarización con el tema creó un ambiente muy particular favorecido por mi desorientación vocacional y mi proyecto de abandonar el catolicismo. Usando mis propios argumentos Antonio se animó a proponerme una experiencia de relación sexual que tratamos finalmente de llevar a cabo, pero resultó frustrante. Las mutuas inhibiciones, aunque con distintos orígenes, para él los rechazos familiares y para mí la experiencia de Seminario, prevalecieron sobre nuestra momentánea permisividad y apertura. No volvimos a pensar en repetir el intento. Pero, desde entonces, en todas las oportunidades que se dieron hacia delante en mi vida de sacerdote, nunca más descalifiqué ni menosprecié a un gay o una lesbiana.[2]

---

[1] Varios, entre los amigos que leyeron mis borradores, me insinuaron la conveniencia de suprimir esta parte del relato que atraería muchas críticas y rechazos. Finalmente decidí no suprimirlo, prefiriendo la sinceridad a la mancha que puede acarrear a mi prestigio personal.

[2] lo que en primera instancia se determinó como causa de la homosexualidad fue la confluencia de factores deficientes en la experiencia y formación infantil. Posteriormente se investigaron particularidades hormonales. Más adelante se descubrieron también configuraciones cerebrales. Hoy la investigación está orientada a lo genético. La OMS no ha vacilado en afirmar que no se trata de perversión ni enfermedad, sino de una inclinación minoritaria y especial de la sexualidad. Los Documentos oficiales de la Iglesia la consideran todavía una enfermedad o anormalidad, a pesar de que aconsejan no discriminar a quienes la padecen.

Antonio descendió en Brasil. Ejerció su profesión, ya afirmado psíquica y económicamente. Encontró su pareja en Brasil, con quien convivió 12 años. Sus últimas noticias por carta fueron hacia el año 75. Intenté conectarme con él en el 77, pero ya su teléfono había cambiado y, posiblemente su ciudad de residencia.

A medida que el Federico C, después de su etapa de aprovisionamiento en Brasil, se acercaba a Bs. Aires, mis ideas y proyectos se convertían en remolino. ¿Cómo decir a mis padres, a mis amigos, a mi comunidad, que había decidido abandonar el sacerdocio?

En realidad, el día antes de desembarcar, volví a vestir la sotana, con asombro de algunos compañeros de viaje. En el puerto me esperaban mi padre y un amigo que me dieron la mala noticia de que la bebé recién nacida de mi hermana menor había muerto, como resultado de una malformación congénita. Yo traía en mi equipaje regalos de los parientes españoles para ella.

El afecto de los míos y la relación tan cálida de la comunidad de Río Ceballos que me esperaba ansiosa, desplazaron la seguridad de mi proyecto. Cuando pude dedicar un momento a ordenar mis pensamientos, decidí esperar un poco.

Se produjo entonces, un hecho desacostumbrado. El Arzobispo Castellano convocó a una reunión del clero. Cada uno de nosotros estaba formado para vivir solo, en dependencia de la autoridad inmediata y sin ningún otro contacto a nivel de clero o laicado. Un gran teólogo salesiano, Santecchia, iluminó con sus charlas iniciales el sentido del encuentro, en vistas a la proximidad del Concilio Ecuménico. Tuvo proyecciones insospechadas. Confidencias fraternales nos inclinaron a descubrir problemas y dificultades comunes. Las objeciones a la formación para el sacerdocio que daba el Seminario se hicieron con mucha crudeza. Se vislumbraba la necesidad de cambios fundamentales.

Ir a estudiar a Roma significó siempre encajar a alguien, definitivamente, en el férreo molde eclesiástico. Imperceptiblemente esto comenzó a cambiar. Tres seminaristas distinguidos intelectualmente, Gaido, Dellaferrera y Vaudagna volvían de Roma con sus títulos académicos, por allá por el 65. Enfrentados a la realidad cordobesa y alentados por un pionero de la Iglesia metida en la realidad social, Milán Viscovich, produjeron tres reportajes explosivos en el Diario Córdoba sobre el papel de los Colegios Católicos, la situación política nacional e internacional y el dogmatismo eclesial. Se desató una polémica de insospechadas proyecciones. Nueva división entre los católicos. El Arzobispo suprime el Te Deum del 25 de mayo al que tradicionalmente asisten las autoridades provinciales. Había un proyecto de ley para negar subsidios estatales a los Colegio privados que estuviera establecidos en zonas pudientes económicamente. Se dan pronunciamientos en favor y en contra de esta decisión. El Seminario, con Angelelli a la cabeza, se convierte en caja de resonancias de esta realidad social. La situación se va tensando progresivamente. Los reportajes a los sacerdotes sacaban a luz realidades innegables aunque dolorosas.

Empezó a marchar el Concilio. El Obispo auxiliar Enrique Angelelli fue puesto al frente del Seminario. Para una gran cantidad de sacerdotes eran preciso reformas profundas en todo lo referente al clero. Se inició un movimiento de resistencia al modo de conducir la Diócesis por el Arzobispo Castellano. Se redactó un documento de reclamo a la Nunciatura. Se juntaron 130 firmas de sacerdotes diocesanos de toda edad y nivel de responsabilidades. Desde la estructura eclesiástica oficial se comenzó la contraofensiva, con las tácticas habituales de intimidación, de apelación a la conciencia, de citas a particulares. El proceso duró casi dos años. El Arzobispo aumentó la rigidez de las disposiciones disciplinarias, hasta imponer penas "ipso facto" es decir por el hecho mismo de desobedecer la prohibición de asistir a espectáculos públicos y quitarse el traje talar delante de la gente. Se fue instrumentando la resistencia silenciosa frente a estos excesos autoritarios Poco a poco se fueron dividiendo los campos entre los fieles y los rebeldes. Encontré mi lugar. Estaba empezando a descubrir "otra Iglesia". Los menos comprometidos fueron siendo absorbidos por el orden establecido. El número final fue de 30 "rebeldes". Sin embargo, la Nunciatura dio respuesta a nuestro reclamo. El Nuncio convocó en Córdoba a una reunión de todo el clero. Éramos unos 300, llenando el Salón de Actos del Seminario. Se pronunció contra las experiencias de actualización del seminario realizadas por el Obispo Angelelli, condenó al movimiento de rebeldía desde sus comienzos, atribuyéndolo a un falso criterio de renovación eclesial que se convertía en atentado contra la Iglesia y el evangelio. Hizo un llamado a la vuelta de los "pródigos". Luego, la invitación se convirtió en exigencia. Debíamos firmar personalmente un documento de adhesión, obediencia y cariño al Arzobispo Castellano. Nos resistimos. El Obispo de Avellaneda, Jerónimo Podestá, que acompañaba al Nuncio y era también muy amigo de Angelelli, lo convenció de que era el único modo de salvar la situación. Nos sentimos tremendamente humillados y finalmente, firmamos. Era la más cruel y decepcionante de las derrotas. Trevijano, un español perteneciente a la OCSA(Organización del Clero para Sud América) integrado a los treinta, conocedor y profesor de Historia eclesiástica, nos lo había pronosticado. *"Nunca la Iglesia va a permitir fallas en la disciplina de sujeción a la Jerarquía. La experiencia histórica en este aspecto es muy definida".* No le creímos. Y ahí estaban nuestras firmas, arrastradas y arrastrándonos.

A mi pesar ya llevo muchos años
vividos con empaque y compostura,
pero no he resistido a la locura
de seguir siendo nube y siendo pájaro,

Así vivo el desierto de mi arena
humedecido por vertiente oculta.
Así vivo la noche de mis dudas
iluminada por estrellas viejas,

Al sonreír cuando otros sólo lloran
siento que soy gorjeo en la espesura
Con mi mochila hinchada de ternuras
me imagino partero de la aurora.

(de *"Enhebrando horizontes"*)

Veinte

"Renunció el Arzobispo Castellano", la noticia impactó en medio del período de vacaciones. Los primeros sorprendidos fuimos nosotros. Después supimos que la diplomacia eclesiástica, practicada al pie de la letra por el Nuncio Apostólico, había obtenido la renuncia del Arzobispo, el día anterior al de exigirnos la humillante promesa de obediencia y cariño. Hubo un respiro de alivio. Al fin y al cabo, no nos había ido tan mal. Tanto, que los sacerdotes rosarinos que vivían con el Obispo Bollatti una situación parecida a la nuestra, nos pidieron asesoramiento para lograr los mismos resultados. Lo mismo sucedió en Mendoza. Se trataba de otros Obispos, patrones de Estancia. Pero, ya se había dado la voz de alerta. Nunca más tuvieron éxito los levantamientos sacerdotales para cambiar Obispos. Se hubiera introducido en la Iglesia, la más saludable pero también la más peligrosa de las costumbres.

Además, no teníamos en cuenta que, en la táctica eclesiástica se hace creer a los de abajo que han ganado, pero los de arriba tienen siempre una carta en la manga, que juegan en el momento oportuno.

Nombraron Arzobispo de Córdoba a Raúl F. Primatesta, que tenía en su curriculum, haber sido profesor de Sagrada Escritura en el Seminario de La Plata, amigo íntimo del Obispo Plaza.

Escoba nueva. . . Eso pareció adivinarse en el discurso de toma de posesión en la Catedral. Muy pronto se le empezaron a ver "las patas a la Sota". Primero, las divergencias de criterio en cuestiones fundamentales, con Mons. Angelelli, el Obispo Auxiliar. Luego las relaciones con las familias más tradicionales de la nobleza cordobesa. La renuencia a pronunciarse en favor de los obreros y los pobres en los conflictos sociales. El conservadurismo teológico, bíblico y canónico.

El golpe de Onganía, católico perteneciente al Movimiento de Cursillos de Cristiandad, muy en boga por entonces, constituyó la prueba de fuego. El presidente del labio leporino había seleccionado durante un Cursillo de mayo del 66 a sus colaboradores para hacer y llevar adelante la Revolución nacional. El Gral. Alsogaray había exigido en nombre de las Fuerzas Armadas, la renuncia del Presidente Illia. Onganía fue proclamado presidente. Ayudado por los sectores ultracatólicos de los Cursillos y el Opus Dei, se confeccionaron las listas de los profesores "comunistas" que debían ser desalojados de la Universidad. En julio, Gendarmería penetró en distintas Facultades de la UBA. A los palos, desalojaron a estudiantes y profesores. Aquella noche fue bautizada como la noche de los bastones largos. Córdoba reaccionó, y en la parroquia de Cristo Obrero, con larga historia de resistencia, se atrincheraron los estudiantes universitarios, en una huelga de hambre.

J.O.Gaido y N. Dellaferrera eran los sacerdotes a cargo de esa Parroquia Universitaria experimental. Con la anuencia de Primatesta, apoyaron y se plegaron a la huelga. Al segundo día, el Gobierno exigió el desalojo de la capilla. No se atrevían directamente, como católicos respetuosos, a violar el tradicional derecho de asilo. Primatesta accedió y el Templo fue desalojado. Se armó una gran manifestación estudiantil de resistencia en la Avda. Colón. Las fuerzas de represión asumieron la responsabilidad de acabar con las voces discordantes. Sonaron disparos en medio de la confusión de los estudiantes que se resistían a la desconcentración y a ser arrastrados hacia los carros de asalto. Cayó herido de bala Pampillón. Lo arrastraron hacia la ambulancia que marchó hacia el Hospital de Urgencias. No pudieron ocultar mucho tiempo su muerte, que hizo recrudecer la rabia y la resistencia de los estudiantes en la calle.

Desde Río Ceballos en donde me enteré tarde de los acontecimientos, me vine a Córdoba a presentar mi solidaridad a los
curas de Cristo Obrero con quienes compartíamos ideología y
amistad. Como en principio habían rehusado plegarse a la autorización del Obispo para desalojar el Templo, fueron sancio-
nados. Cesó, de este modo, la primera y valiosa experiencia de
Parroquia Universitaria.

En los corrillos eclesiásticos se celebró la vuelta a la disciplina
y a la moral, con la fuerza de un Presidente católico y sobre
todo, anticomunista a muerte. Muy poco tiempo después, con
una solemnísima ceremonia, Onganía consagraría el País a la
Virgen del Luján. En muchos círculos se decía entonces, que
éste era el presidente vislumbrado por Don Orione en una supuesta profecía sobre la quema de los Templos, que incluía la
seguridad posterior de un presidente católico que sería la salvación de la Patria.

¡Como para no estar satisfechos!

> Trueno
> de fuerza que atropella
> de botas retumbantes de sangre y espionaje
> sobre cada palabra
> sobre cada silencio
> sobre los pobres
> y quienes solidarios con su llanto
> eligieron ser pobres.
>
> Trueno
> Y los pájaros siguen dibujando
> allá arriba, en el cielo
> y las máscaras siguen desfilando
> aquí abajo, entre el pueblo
> que construye en secreta resistencia
> un fortín de esperanzas y de sueños.

(de *"Poemas de tiempo y sal"*)

Veintiuno

Yupanqui. Ese muchacho guitarrero que pulseaba con la izquierda y digitaba con la derecha y del que ya se comentaba que era el mejor recopilador de las riquezas folclóricas, nos visitaba en el Seminario.

No teníamos contacto con el mundo exterior. Ni por radio, estrictamente prohibida, ni por diarios o revistas, rigurosamente controlados. Música, sólo la clásica. Cantábamos canciones tradicionales, a las que generalmente se les había cambiado la letra. Recuerdo que a "Caminito" el famoso tango de Filiberto, lo habíamos disfrazado irreverentemente, remplazando todos los lugares en que decía "amor", por Dios. Así, en realidad, el caminito borrado por el tiempo, quedaba borrado también en cualquier sentido ya que, para buscar a Dios, no hacía falta. Por otra parte, habíamos llenado de poesía y frases originadas en el amor humano de pareja, las canciones a María y Jesús. No nos llamaba la atención cantarle a Jesús "dueño de mi vida, vida de mi amor, ábreme la herida de tu corazón", que podría asimilarse a la letra de cualquier bolero.

Alguien descubrió en el campo del folclore a Atahualpa y lo llevó para una audición del Jueves, día en que, junto con la salida al parque Sarmiento, estaba programada de rutina, una conferencia del Rector para enseñar buenos modales.

Aplaudimos a rabiar cada interpretación del "indio", y le resultamos simpáticos con nuestros cascos rapados y un pequeño flequillo en la frente, revestidos con toda la solemnidad de nuestras sotanas negras. Era hacia el 45. Sus composiciones, *Aguita del río, ¡Huijojojó!, El alazán, El arriero, Los ejes de mi carreta, El hornero*. . . tenían la frescura de la naturaleza, "sin mezcla de mal alguno", porque no tocaban el espacio del amor humano. Nos visitó varias veces. Y lo esperábamos con ansias.

En cuanto a otros espectáculos, todo funcionaba de adentro hacia adentro. Teatro, con adaptación de cualquier personaje femenino para ser representado por varón. Coro, interpretando composiciones litúrgicas, por lo general de Perosi, o trozos de Opera. Academias de adiestramiento para las relaciones con el público en que, desde niños, teníamos que afrontar el desafío de preparar una charla de 5 minutos sobre un tema que nos comunicaban media hora antes. Diversas representaciones para las llamadas "dispensas de noche" una especie de "fogones" sin fuego, en que participábamos todos.

En deportes y juegos, todo estaba dado también adentro. Fútbol, basquet, tenis, frontón, gimnasia en aparatos, patines. Juegos de mesa los más variados, billar , sapo, ajedrez, damas, ludo . . .etc

Prohibidos los espectáculos de fuera y, mucho más los nocturnos.

En una oportunidad, el cuadro preferido de muchos, River Plate venía a Córdoba. Creo que para un partido con Instituto. Alguien de las divisiones mayores, organizó para ese Domingo a la tarde, en que todos nos dispersábamos para dar catequesis en los barrios, una excursión clandestina para ver ese partido.

Vestidos todos con sotana y formando un grupo perfectamente notable en la tribuna, alguien nos denunció. Cuando regresamos, con cara de inocentes y abnegados catequistas, nos esperaba en la puerta el Rector. Tomó nota de todos y cada uno. La Semana siguiente nos prohibieron usar la camiseta del cuadro preferido cuando jugábamos al fútbol. Volvimos a la sotana blanca enrollada a la cintura. Se acabó la entrada de revistas futbolísticas. El organizador de la "salida", alumno de los últimos cursos, medalla de oro en muchas oportunidades, fue destituido de un cargo disciplinario y luego expulsado. "No tenía vocación" Todos los "cómplices" quedamos temblando. Pasado el tiempo, aquel compañero, al que ni siquiera se nos ocurrió defender, llegó a Juez Federal y a Embajador ante la Santa Sede. Y continuó con su pasión por River Plate.

Durante la guerra, la Embajada estadounidense enviaba películas en que los soldados yanquis en Birmania cumplían con hazañas heroicas. Así se coló la costumbre de alquilar de cuando en cuando una película en 16 milímetros, para amenizar las tardes de días festivos. El operador debía censurarla con anticipación para suprimir o velar las imágenes provocativas. Por eso, sin saber nosotros por qué, la pantalla se oscurecía por algunos segundos, en el curso de la proyección. Otro recurso era enturbiar el lente con los dedos de la mano colocados delante y moviéndose. El juicio sobre la moralidad de la película corría por cuenta del operador de la proyección que debía a su vez rendirla a los superiores. En una oportunidad, la película era "Siempre en mi corazón". En un momento la protagonista se mostraba en actitud provocativa. Era perceptible en su escote el surco entre los senos. La mano enturbiante se movía y molestaba la visión. Juzgando que vería mejor incorporándome, lo hice, discretamente. El compañero del lado me sentó de inmediato, alejándome del peligro.

Los mensajes de Atahualpa fueron introduciendo, además del aprecio por el folclore, un cierto sentido de protesta social y de contacto con la realidad fomentado por las letras de sus composiciones que se nos permitía cantar sin correcciones. Fue el tiempo en que, como un desahogo de mis inquietudes, comencé a escribir pequeños poemas.

El ingreso de películas cedidas por el Consulado yanqui, creó la costumbre de ver cine Y así se colaron películas que nos fueron adentrando en una visión del mundo y sus inquietudes. Las reformas comenzaron lenta, casi ridículamente. Nombrado prefecto de disciplina de una sección de adolescentes, me atreví a no cerrar las habitaciones por fuera cuando nos íbamos a dormir. Comencé a ensayar una disciplina en libertad. ¡Y se trataba de un paso gigante!

Libertad

Te maltratan y malgastan
con imberbe rebeldía
los que nunca todavía se sintieron
humillados, maltratados,
torturados, desangrados
por tu ausencia.
Te denigran los señores
moralistas y doctores
que mantienen su sitial... y sus bolsillos
con la sorda esclavitud de los sumisos

Mis arterias se resecan y se anudan sin tu savia
y mis huesos se hacen leña quebradiza sin tu calcio

Cuando un día me abandonen
las palabras, el vigor y los amigos,
yo te quiero compañera,
recostándote en el féretro conmigo.

(de *"Goteras de Infinito"* poemas)

Veintidos

Joseph Sellmair. Un autor alemán cuyo libro "El sacerdote en el mundo" abría, allá por los 50, nuevas perspectivas en el enfoque de la vida sacerdotal, significó para mí un aporte muy importante. No recuerdo muchas de sus propuestas, que actualizaban, de manera que yo calificaría de atrevida, la visión con que hasta entonces se orientaba la vida del sacerdote, obedeciendo principalmente a esquemas monásticos tradicionales

En el clima tridentino de mi seminario de entonces, muchas cosas parecían una locura o, al menos, exageraciones fuera de lugar. Mi mentalidad de entonces no las aceptaba. Pero, hubo un aspecto en que me fue posible asimilar un criterio, discutible entonces, absolutamente acertado ahora, como norma de conducta.

Decía Sellmair que en la espiritualidad tradicional, las penitencias corporales tenían la misión de dominar el cuerpo para someterlo al espíritu y hacer así posible la virtud. La afirmación paulina de que el espíritu está pronto pero la carne es flaca, fundamentaba esa visión. Ni sospechas entonces de que, cuando San Pablo hablaba del espíritu, hacía referencia al Espíritu divino, y al decir "carne" aludía al hombre, y no a su cuerpo solamente. Recordamos igualmente, que nuestro Catecismo de Primera Nociones, designaba como enemigos del hombre, al demonio, el mundo y la carne.

En la actualidad, sostenía Sellmair, el cuerpo debilitado por las tensiones y los desequilibrios alimentarios, no puede responder a los requerimientos del espíritu. Hay que fortalecerlo. Y por eso, el deporte, la gimnasia, el ejercicio físico, tienen que desplazar a las penitencias corporales para convertirse en el recurso obligatorio para la salud física y psíquica.

Siempre fui, naturalmente, inclinado al deporte. Desde entonces, conté con una base teórica para adoptarlo como norma permanente. Practiqué Fútbol, Voley y Frontón, y largas caminatas, hasta los 58 años. Debí afrontar, pocos años después, una cirugía de reemplazo total de cadera. Restablecido de la misma, me inicié en el Tenis que continúo practicando sistemáticamente. En oportunidades, al constatar este empeño en no perder las horas dedicadas al deporte, he escuchado frases descalificantes. Porque un cura tiene cosas mucho más importantes a qué dedicar su tiempo. Creo, sinceramente, que nada hay tan importante como mantener la propia salud, para servir a la felicidad de los demás. Además mi experiencia me dice que el tiempo es siempre mejor aprovechado, si el cuerpo está fortalecido y agilizado. Lo que decía Sellmair y corroboraba Kneip, otro acreditado autor naturista de aquellos años. *"La fuerza del espíritu necesita un cuerpo fuerte para expresarse adecuadamente"*.

El Dr. Emilio Noguera, mi traumatólogo juzgó que el éxito de la cirugía dependió de esta constancia deportiva, que me animó a seguir manteniendo. Han transcurrido ya más de trece años, desde aquella intervención quirúrgica, y el resultado ha sido excepcional. Suelo por eso afirmar que mantener la práctica deportiva, ahorra horas de "terapia intensiva".

La carne, sin disimulos,
tersa piel de la ternura
o dura costra, defensa
de aguijones y torturas

La carne, el cuerpo y el hombre,
para el placer y el martirio.
la flacidez desgastada
o la pujanza del niño

Carne de noche y de día
carne de recia textura
pergamino de mis versos
cicatriz de mi escritura

(de *"En carne viva"* poemas)

Veintitres

La experiencia del Seminario abierto que había iniciado como Rector Mons. Enrique Angelelli, había sido abortada. Dejó sin embargo sus frutos y sus huellas. Ya bajo la titularidad de Primatesta, Angelelli lo acompañó a las sesiones del Concilio Vaticano II. De vuelta imaginó, como Vicario General, una estructura decentralizante de la Curia. Basado en la experiencia de las Vicarías Foráneas que nunca funcionó, propuso dividir la ciudad en cuatro circunscripciones, coordinada cada una por un Vicario Pastoral. Me visitó en Río Ceballos para proponerme una de esas circunscripciones. La que tendría como sede la Parroquia de La Tablada, que ya muchos designaban como "La Cripta". En principio acepté. Mi ayudante de entonces, el Pbro. Miguel Quinteros comunicó la novedad a la gente y se produjo un levantamiento reprochándome haber aceptado inconsultamente.

Volví atrás y comuniqué esta circunstancia al Arzobispado. No era consecuente con mi modo de proceder ni con el aprecio que aquella comunidad me mostraba. El Arzobispo estaba de vacaciones, pero Angelelli me anticipó que ya estaba aprobado mi traslado. Miguel animó a los fieles de la Parroquia a diversas expresiones de resistencia a esa disposición. Cierre de comercios, caravana de automóviles hacia el Arzobispado, cartas y solicitadas en los diarios.

Primatesta se sintió muy molesto y decidió dar largas al asunto. Entretanto Angelelli que por muchos puntos de vista, resultaba incómodo al Arzobispo, fue desplazado hacia la Rioja, una Diócesis prácticamente sin clero, considerada después de la muerte del Obispo Ferreyra Reinafé, como insignificante en el concierto eclesiástico nacional. Angelelli, con pleno convencimiento posconciliar, la llevaría al nivel protagónico más destacado. El clero aumentó hasta varias decenas. La Iglesia de los pobres, con Medellín, funcionó a pleno. Las estructuras participativas sugeridas por el Concilio, se fueron dando como anticipo y ejemplo para todas las otras Diócesis. Angelelli se transformó así en peligroso para el orden establecido. Su actitud en contra de la Dictadura militar le acarreó persecuciones y amenazas muy concretas. Luciano Benjamín Menéndez, Jefe del tercer Cuerpo de Ejército, planeó arteramente su muerte, después de la denuncia sin ambages que el Obispo hiciera en Chamical, del asesinato de los dos sacerdotes Murias y Longville, ejecutados por los militares secuaces a cargo de la Base Aérea cercana a ese pueblo. El 4 de Agosto del 76, en Punta de los Llanos se consumaba el asesinato del Obispo, disimulado con las apariencias de un fortuito accidente automovilístico. El Episcopado calló.

Participé del funeral en el atrio de la Catedral riojana. Denuncié con claridad, en una corta reflexión que me pidieron como representante de los sacerdotes amigos, que se trataba de un asesinato que tenía como responsables a las Fuerzas Armadas. Los datos recogidos de los compañeros sacerdotes riojanos no me dejaban dudas.

Se deterioraron allí definitivamente mis relaciones con los "milicos".

La vigilancia comenzó a rodearme por todas partes.

Viento de Agosto
Ha muerto Enrique
lo han asesinado.
Sopla
conmueve
muerde
intranquiliza
rompe barreras
nace la esperanza

Viento de Agosto
Pentecostés tendido en el desierto
en la caricia póstuma
para la tierra amada
descuartizado el cuerpo
con los brazos abiertos
Y una lluvia con sangre
para el parto
de nuevos nacimientos.

(de *"Poemas de confesión y denuncia"*)

Veinticuatro

-Ni siquiera puedo celebrar Misa cuando ella no está presente. Era la confidencia de Miguel, el mejor amigo sacerdote que había tenido hasta entonces, compañero de ministerio en Río Ceballos. Se había enamorado. Yo había notado en él una extraordinaria y entusiasta dedicación al ministerio sacerdotal en los últimos meses, cuando ya prácticamente se había decidido que yo permaneciera en Río Ceballos. Fue inevitable revivir mi propia historia. Y fue también inevitable acompañarlo en su experiencia, sin poner obstáculos de ninguna índole. Cuando finalmente, fui trasladado a Córdoba acompañado por una caravana de autos que más que demostrativa del afecto por mi persona, era de rebeldía contra la decisión del Obispo, Miguel estuvo un tiempo al frente de la parroquia. Luego decidió abandonar el ministerio para contraer matrimonio. Por coincidencia, ella se llamaba como la muchacha de mis recuerdos, B.

No fue feliz. Quizás la prestancia de su figura en el ministerio disminuyó en la rutina diaria de la dura lucha por el sustento y la difícil adaptación a las relaciones cotidianas con la gente que le seguía diciendo "padre". Se quedó viviendo en Río Ceballos Un sacerdote compañero de curso, radicado en San Juan, le hizo llegar el ofrecimiento de una posibilidad de empleo, como administrador de una Estación de Servicio en un lugar desolado. La oportunidad lo sedujo. Allí podría atender a una pequeña comunidad católica, como encargado de bautismos y celebraciones de la Palabra. Por dentro, le rondaba el ministerio sacerdotal.

Viajaban con su esposa hacia allá, cuando en un accidente, él perdió la vida. Los demás pasajeros resultaron ilesos.

Y se acabó otra historia de las que dejan, ahondando los pasos de la propia , huellas superpuestas e imborrables.

Amigo porque cargas en tu mochila
con tu vida enganchada la vida mía

(de *"Huella de la amistad"*)

Veinticinco

Córdoba había sido escenario y caja de resonancia, en el año anterior a mi traslado- 1967 - de acontecimientos decisivos política y eclesialmente. Enrique Angelelli había sido desplazado a La Rioja. Había efervescencia antidictatorial frente a la purga universitaria y otras actitudes del gobierno militar. Primatesta, el Arzobispo, decidió retirar la aprobación dada inicialmente para que la parroquia universitaria de Cristo Obrero albergara a los jóvenes en huelga de hambre que resistían a la purga de profesores decretada por el Gobierno militar. En reunión del Consejo presbiteral, un Organismo posconciliar de supuesta descentralización de la estructura verticalista de la Iglesia, algunos osamos preguntar sobre el por qué de esta medida. La respuesta cortante fue:

-*Uds. no saben lo que significan las presiones aquí arriba.*

Era una explicación y una confesión.

Aunque lo supiéramos, nunca podíamos admitir esta complicidad con el poder dictatorial.

La Encíclica Populorum Progressio de Paulo VI, había desencadenado una cantidad de iniciativas sociales.

En otro aspecto, la investigación científica daba cuenta de la "píldora anticonceptiva" en base a progesterona. Se esperaba la aprobación de este método debido a que parecía remediar una deficiencia natural, de manera natural. Este concepto de "natural" ha pesado mucho en las decisiones morales eclesiásticas. La Humane Vitae, otra Encíclica, quitó todas las esperanzas, a pesar de los reclamos de muchos episcopados progresistas y de la Comisión interdisciplinaria que había estudiado el asunto durante un largo período

Comencé la acción pastoral en mi nueva parroquia, convocando reuniones en los barrios. Pronto incluimos en ellas, la celebración de una Misa adaptada, desde luego, a las circunstancias de la casa y el barrio en que el grupo se reunía.

En las celebraciones masivas de La Cripta, animado por los vientos renovadores del Concilio, introduje la guitarra como acompañamiento de los cantos. Con el auge del rock nacional, me puse en contacto con un conjunto "beat" que interpretaba en la Misa juvenil de los Domingos a las 11, composiciones originales con textos que yo componía, plenamente injertados en la realidad política.

Para la novena patronal se me ocurrió organizar una Conferencia sobre el libro del Obispo Robinson "Honest to God", un panel sobre la Populorum Progressio integrado por el Pbro. Milán Viscovich (economista y sociólogo), el Pbro. Erio Vaudagna, (filósofo y analista político) y el Empresario Petrini. Y otro Panel, sobre regulación de los nacimientos, integrado por el Dr. Caballero (ginecólogo), el P. Dellaferrera (canonista), un padre y una madre de familia. Las opiniones expresadas fueron indudablemente, de avanzada. Era demasiado. Llovieron las denuncias. Estaba en medio de una comunidad conservadora, en gran parte como consecuencia de su posición económica. Se dijo: que celebraba Misa en las casas de familia con vino Zumuva; que La Cripta no parecía templo sino una Pulpería; que el bochinche de los roqueros atraía jóvenes pero desplazaba a los adultos; que se había dado vía libre para el uso de anticonceptivos no aprobados por la Iglesia; que se había propiciado la violencia social. Todo junto, impresionó al Obispo que, inmediatamente, *por el bien de las almas*, me pidió pensar en mi renuncia.

Como párroco del antiguo régimen canónico, yo gozaba de inamovilidad. Dije que sólo renunciaría si lo pedía la Comunidad. Convoqué una Asamblea. Unas 500 personas. Se delegó a un Grupo para hablar con el Obispo. Se suspendió mi remoción.

El Arzobispo Primatesta quedó, "con sangre en el ojo". Entiendo que no podía ser de otro modo.

Voy quedándome solo
junto al peso invisible de los mártires
y el visible vacío de los otros
que cambiaron de ideales

No he de volver atrás porque me niego
a echarle llave al bolso de mis sueños
y sacarlo mañana a la vereda
para que los recoja un basurero

No he de volver atrás porque si vuelvo
habré borrado de mi testamento
el mejor de los frutos recogidos
para legar a todos los que quiero.

(de *"En carne viva"* poemas)

Veintiseis

La aparición del Movimiento de Sacerdotes para el tercer Mundo fue lo más importante en el ámbito eclesial, el año 68. Llevando el Documento de los 18 Obispos del Tercer Mundo, Buba Nasser, un sacerdote biblista y plenamente comprometido con la realidad social precisamente desde sus estudios bíblicos, recorrió parroquias e instituciones hasta juntar un número significativo de firmas de adhesión. Los documentos que hablan de esta historia han recopilado sólo acontecimientos y nombres importantes de Bs. As. Como siempre, la Capital absorbe y anula todo lo provinciano.

Encuentros en Colonia Caroya, Villa Manuela, Santa Fe, San Antonio de Arredondo significaron el crecimiento del Movimiento que inicialmente había obtenido trescientas veinte firmas en todo el territorio nacional. Pertenecí entusiastamente a él y manifesté públicamente a mi comunidad esta pertenencia. Cada hecho político provocó un pronunciamiento claro por parte de la región Córdoba. Y a todos los hice públicos con toda fidelidad.

El predominio numérico de Buenos Aires fue inclinando la balanza hacia el lado de la religiosidad popular, de la inserción en las villas y del peronismo como única solución política. Todo esto concluyó expresándose intelectualmente en la llamada "Teología de la cultura", hacia la que viraron importantes teólogos de la Liberación. El interior y sobre todo Córdoba, con el P. Buba Nasser como coordinador, mantenía el alerta ante lo alienante de la llamada religiosidad popular, no admitía permanecer indiferentes ante los problemas y conflictos internos de la Iglesia y propiciaba más que la inserción en ambientes villeros (aunque muchos la vivimos), la organización de los más pobres para reclamar por sus derechos.

Le dimos especial importancia al compromiso con el proyecto alfabetizador CREAR, que priorizaba como método de alfabetización, el de Paulo Freire. Conservamos, como fruto de un análisis histórico político, muchas reservas frente al peronismo real. Todas estas características de nuestro análisis y nuestras posturas, eran más abarcadas a nuestro juicio, por la Teología de la Liberación que por la llamada Teología de la Cultura.

Las diferencias se fueron acentuando casi imperceptiblemente. La oposición a que Lanzón y Podestá, un ex sacerdote y un ex Obispo siguieran formando parte del Movimiento después de su opción laical; la proximidad de la vuelta de Perón y la radicación de muchos en las villas, con la aceptación por parte de los Obispos del fomento de la religiosidad popular, llevaron a una tensa situación. La crisis se produjo cuando al negarse la Asamblea a un pronunciamiento explícito y exclusivo por el Peronismo, el grupo de Bs. As. abandonó la reunión, acusando al resto de "gorilismo". Carbone, un eximio representante del grupo, con Carlos Mugica, sostuvieron que el pueblo estaba con Perón, Evita y la Virgen de Luján y quien no estaba con ellos no estaba con el pueblo.

La actitud más arriesgada del grupo porteño fue la audiencia que solicitó al Gral. Perón de regreso al país, en la finca de Gaspar Campos donde se alojaba. López Rega manejó la reunión e impuso condiciones. Comenzó allí el camino que llevó al asesinato de Carlos Mugica en Mayo del 74, ordenada por el mismo López Rega a quien molestaba la autenticidad del compromiso con los pobres de este cura al que él mismo había colocado en el Ministerio de Bienestar Social.

Se intentó una reconstrucción del movimiento, sin demasiado éxito. En 1974 fuimos invitados por Fidel Castro a visitar la Isla de Cuba. Eramos 10. Resultó muy interesante ponerse en contacto directo con toda la organización revolucionaria, con la Iglesia en resistencia de la Habana y con la revolucionaria de Santiago de Cuba. Pudimos contactarnos con los más diversos ambientes. Participamos de reuniones de CDR (comités de defensa de la revolución) en momentos en que discutían una

Ley de Familia, punto por punto, anotando todas las sugerencias. Regresamos a Ezeiza, justamente el día de la muerte de Perón. No se controló nuestro equipaje. Preventivamente habíamos dejado las revistas y documentos comprometedores en Perú, como para darles un chasco a los espías de la Alianza Anticomunista Argentina. Nos lo dieron ellos a nosotros con la muerte de Perón.

Después, las dificultades de reunión, la persecución intensificada, y la desautorización eclesiástica, desarticularon el Movimiento que ya estaba tambaleante. Cada uno por su lado, sin saber quién seguía vivo y quien había sido eliminado por la represión, desaparecimos sumergiéndonos en nuestros compromisos ministeriales.

Gemidos interiores de impotencia
suprimidos por redoble de botas
Y allá lejos,
las alas extendidas como velas al viento
las gaviotas.

Y la horrible propuesta
de aprender a matar
sostenida en mis manos solamente
con fusil y puñal
Y el esfuerzo infinito que permita
dejar el corazón en libertad.

Gracias a Dios, también esta mañana,
hay gaviotas inquietas en el cielo.

(de *"Poemas de tiempo y sal"*)

Veintisiete

Quizás la tragedia no hubiera sucedido si me hubiera dejado vencer por alguno de los obstáculos que misteriosamente se acumularon ese 12 de Enero de 1971 para dificultar mi viaje a Ascochinga. Debía controlar el lugar que habíamos elegido para el campamento Scout de ese verano, Pozo Azul.

Eran las 8 de la mañana. Fui a buscar a Roberto, uno de los muchachos mayores del Grupo, que había quedado en acompañarme. La noche anterior había regresado con fiebre y tenía que hacer reposo. Decidí viajar solo. Ya en camino, recordé que no llevaba goma de auxilio. Volví a la Estación de Servicio de Avda. Núñez donde la había dejado para reparar. No estaba lista. Mientras esperaba, pensé que tenía tiempo para buscar otro acompañante, Luis. En su casa, cercana a la Estación de Servicio, su mamá no lograba despertarlo. Me invitó a que lo hiciera personalmente.

-Luis, necesito que me acompañes a Pozo Azul porque Roberto está enfermo.

Apenas oyó "necesito" se incorporó. Su afecto personal y su disponibilidad de servicio lo despertaron y pronto estuvo listo. Llegamos al Hotel de Aeronáutica en Ascochinga. Solicitamos la llave para entrar al predio. Nos dieron varias porque no estaban seguros de identificarla. Ninguna era la del candado de la tranquera de acceso. Volvimos a Ascochinga. Nos enviaron a pedir la llave a un albañil que estaba realizando reparaciones en la casa de la Estancia. No lo encontramos a él. Su esposa nos entregó las únicas llaves que le parecieron extrañas. Ninguna anduvo. Volvimos. En el Hotel nos entregaron otro manojo y nos dijeron que si ninguna era la adecuada, hiciéramos saltar el candado golpeándolo. Así fue. Lo tuvimos que romper con una piedra. Ya era mediodía. Un fuerte calor. El arroyo estaba crecido. Nos metimos al agua y atravesando un caudal de unos 7 metros, nos estiramos en la arena del otro lado. Al bracear, yo había sentido un dolor muy agudo en el hombro derecho. Busqué aliviarlo en la arena caliente por el sol de mediodía. Luis decidió explorar río arriba. Subió hacia la cascada. Se hicieron las 13.30 y comencé a llamarlo a los gritos. No habíamos llevado comida. No respondía. Comencé a caminar río arriba continuando con mis gritos. Ya cerca de la cascada, sobre el agua, la cabellera de Luis desparramada como un plato, era arrastrada. Me arrojé. Traté de aferrar su cuerpo. La corriente me lo arrebató y lo arrastró hacia una caída más pequeña. Allí desapareció. Salí a la orilla y me lancé de nuevo a buscar debajo de la pequeña cascada. El agua me rechazaba. Desesperado fui a buscar ayuda a la casa. Los dos cuidadores no sabían nadar pero trajeron una soga y una caña larga. Hurgamos debajo de la cascada. Nada. Me lancé de nuevo explorando río abajo. Finalmente, acurrucado junto a una roca de la orilla, estaba el cuerpo inerte, doblado sobre sí mismo. Lo saqué. La soga y los hombres hicieron posible colocarlo en la orilla. Ensayé todos los métodos de expulsión del agua y respiración artificial. Estaba muerto. Volví a Ascochinga. Hablé telefónicamente con los padres, fui al destacamento policial, volví a Pozo Azul con la ilusión de que hubiera sucedido un milagro. Cuando llegaron los Bomberos de Jesús María, no hicieron otra cosa que cargarlo, para la autopsia.

Se me vino el mundo abajo. No sólo resolví dejar para siempre el contacto con los Scout sino que me rehusaba a volver a la parroquia. Me convencieron de que lo hiciera, después de una exposición ante la Policía de Jesús María. Acompañé el velatorio y el dolor inconsolable de la familia. Por la tarde, ya cerca de la hora de partida para el Cementerio, llegó un joven desconocido que traía en las manos un pañuelo con los colores distintivos de nuestro grupo Scout. Acercándose a nosotros, con lágrimas en los ojos, nos contó su historia. El pañuelo lo había encontrado en la mochila de su padre, montañista entusiasta y avezado que, descendiendo del Champaquí fue sorprendido por una avalancha de niebla tan espesa que no permitía avanzar. Los dos baqueanos con caballo que acompañaban la expedición indicaron que sólo se podía confiar en el instinto de los animales. Cargaron a los que pudieron en cada cabalgadura y siguieron descendiendo, para volver al día siguiente a rescatar al montañista avezado y a su hija que ofrecieron quedarse, refugiados en una cueva que ellos conocían. Cuando, al alba, llegaron los baqueanos, los dos estaban muertos, congelados. De la mochila del papá, el joven sacó esta prenda extraña, un pañuelo scout. Averiguó a qué Grupo pertenecía y lo encaminaron hacia nuestra Casa parroquial. Allí le indicaron el lugar donde me encontraba en esos momentos.

Cuando él terminó su relato, nosotros reconstruimos el resto de la historia. En Diciembre habíamos ascendido al Champaquí. Luis iba en el grupo. El viento rasante en la cumbre no nos permitía ni siquiera estar de pie. El, saliendo del refugio de una roca corrió decidido hacia el busto del Gral. San Martín y le ató al cuello su pañuelo scout. Era el que había recogido el padre del joven que no salía de su asombro escuchando nuestro relato. La misma consternación que experimentamos nosotros al escuchar el suyo.

Recordando estas cosas, me parece que no fuera yo quien las hubiera vivido.

Mi entusiasmo por los Scouts había comenzado con las lecturas del Seminario. En Villa María no me fue posible ningún contacto. En Río Ceballos logré libros, asesoramiento y ayuda de Dirigentes de un grupo cordobés. En mi viaje a Europa el Jefe scout nacional Mario Vivino me encomendó contactos con los Scouts de Francia. De Gaulle reclutaba entre los mayores, soldados para la guerra de Argelia. Como un elemento de resistencia, Monsieur Rigall Jefe scout nacional, fomentó la actualización de una figura muy simpática en la historia del scoutismo, "Güy de Larigaudie" muerto en una misión de servicio de mensajero a caballo, durante la última guerra. En él y su amor por la paz basaba el scoutismo francés la objeción de conciencia de los rover scout en edad de ser reclutados.

Cuando fui trasladado a Córdoba, inmediatamente formé un Grupo scout. Luis formó parte del primer contingente de 30 chicos que lo integraron. Tenía entonces doce años.

¿Qué pasó junto a la cascada de Pozo Azul? ¿Quiso escalar y se resbaló? ¿Pretendió desafiar la fuerza de la Cascada y el agua lo arrastró y lo golpeó? Luis era buen nadador y muy robusto y ágil. Ya tenía 16 años. Lo cierto es que allí se estrelló violentamente todo el entusiasmo de mi opción por el scoutismo cómo método complementario para una educación integral. Me costó mucho tiempo recuperarme y valorar nuevamente esa tarea.

De repente
simplemente
convertida en ausencia
una presencia
se ha corrido el telón
que da por terminada la función

(de *"Poemas de confesión y denuncia"*)

Veintiocho

Agua. Vida y muerte. Nacido y crecido en las márgenes del río Segundo, Xanaes, el transparente misterio de los ríos de Córdoba se instaló en mis pupilas para siempre. Con avidez recorrí caminos buscando esas corrientes impetuosas que bajando del cerro se abren camino triturando las rocas para hacerlas cauce. Los torrentes que golpeándose y cayendo, se blanquean en cascadas y se espejan en remansos.

Junto al Río de Los Molinos, en la casa de campo del Seminario de Córdoba viví todas mis vacaciones juveniles. Exploré sus orillas buscando la aventura de arrojarme desde lo alto de las piedras grandes, desafiando la sensación de vértigo temor ante el vacío, o correr la distancia hasta la piedra lisa de la orilla, "picar" y dispararme en "la mortal", un salto en que enroscándose en sí mismo se termina en el agua con explosión de bomba, chisporroteando todos los entornos.

Descubrí en mis andanzas, mil secretos rincones. Parques de diversiones con lajas toboganes alisados por agua, con masajes enérgicos de pequeñas caídas, con huecos misteriosos ocultos en la hondura, con cascadas cortinas de escondite y frescura, con pequeñas piedritas coloridas esperando en el fondo, con caprichosos túneles cavados por el agua con trabajo de siglos, con ollas como espejos reflejando invertidos los paisajes cercanos. En la búsqueda de lugares para los Campamentos de verano con el Grupo Scout creo haber conocido todos los ríos de las sierras cordobesas. Una variedad indescriptible. A muchos de ellos hoy se puede acceder por caminos transitables. Hace unos 20 años yo llegaba siempre al fin de la caminata, a descubrir una sorpresa compartida con pocos. Quizás por eso, nada hay que me cause tanto gozo como un río de sierras. El mar no pudo nunca cautivarme ni eclipsar este hechizo del río luchador y salvaje en su belleza.

Pero esta amistad y cercanía confiada, con el agua y el río, me causó también graves problemas. El mayor, la muerte de Luis, en la hermosa cascada de Pozo Azul.

El Río Grande, hoy frenado en su fuerza por una gran represa, en una creciente que tapó los abundantes pedregales de su cauce se transformó en desafío para un grupo de nosotros. Inflando una gran cámara de Tractor, cuatro de los mayores(yo de 40, los otros entre 25 y 30 años) nos dejamos llevar por la corriente. La cámara tropezó contra una roca, se tumbó y nos lanzó a un lugar profundo y espumoso. Abriendo los ojos para tratar de orientarme a fin de volver a la superficie, tuve la sensación de que no había arriba ni abajo. Pensé que terminaba mi aventura. El agua me sacó. Después, braceando llegué hasta la orilla. Los otros tres habían logrado inmediatamente después de la caída, aferrarse a otras piedras. Sólo nuestras miradas reconocieron y reprocharon la imprudencia y el susto.

Un episodio parecido en San Miguel de los Ríos. El lugar, las "Tres Cascadas" La mayor es imponente cuando el río está crecido. Nos bañábamos en la olla al pie de esa cascada y los muchachos se acercaban a la caída dejándose golpear y zarandear por la fuerza del agua. Movido quizás por mi afán de dar seguridad, al aceptar un desafío mayor, yo dirigí mi "largada" hacia el centro de la cascada. Me hundió. Debajo, otra vez se repitió mi desorientación absoluta. El agua me empujaba caprichosamente hacia arriba o abajo, sin puntos de referencia. Recordé a Luis. Ya al borde de mi capacidad respiratoria me coloqué en cuclillas abrazando mis tobillos. Un instante y el agua me sacó. Los que en la orilla, habían frenado su algarabía al notar mi tardanza, respiraron nuevamente. Estaban planeando ir a buscar auxilio.

"Pintos" es un valle hermoso al pie de la sierra de Punilla, mediando con Pampa de Olaen. El río, caudaloso y "divertido" constituía un motivo de gratificación muy importante para el Grupo acampante.

Estábamos del lado de Pintos, pero sólo los camiones habían podido pasar el vado rudimentario. Los automóviles quedaron en la otra orilla, en una playón de aterrizaje, utilizado por los aladeltistas del cerro de Cuchi Corral. A unos 50 mts. de distancia del río y con un nivel superior en 6 ó 7 mts.

Una mañana en que retrasamos la hora de salir de las carpas porque llovía, se escuchó como un rugido lejano que no tardó en convertirse en trueno. Era una gran creciente. El agua había llegado hasta cerca del lugar de acampe. Despertándose todos con cierta alarma, se revisaron las instalaciones más cercanas al río. No había consecuencias lamentables.

Habría pasado una hora, cuando otra vez el rugido lejano. Otra creciente. Después lo supimos, la primera venía desde Los Gigantes, la segunda desde la pampa de Olaen. El agua llegó hasta las carpas, aunque ya sin fuerza destructiva. Habían desaparecido los límites del río e incluso las rocas más grandes que lo bordeaban.

Cuando cesó la lluvia, los chicos por curiosidad, subieron a los árboles como atalayas para pescar lo sucedido en la ahora remota orilla opuesta. La cubierta de plástico de mi automóvil Dodge 1.500 estaba sobre un espinillo. Cuando el agua descendió un poco, pudimos constatar que todo el camino desde el vado al viejo Cementerio se había agrietado, y en el mismo Cementerio muchas tumbas estaban deterioradas y abiertas.

Después de dos días, a unos mil metros del lugar en que había estado mi automóvil, el motor solito, rojo, resaltaba sobre una pequeña y suave playa arenosa, al pie de un peñasco de unos 4 mts.- De lo demás sólo fueron apareciendo pequeños restos. La metódica y meticulosa fuerza destructiva del agua nos había dado su lección. Afortunadamente no hubo ningún inconveniente grave en los acampantes. Sólo quedar aislados por tres días.

"Del agua mansa líbreme Dios que de la mala me libro yo" dice el refrán. Pero esto es aplicable sólo a situaciones normales. El agua desbocada es terriblemente peligrosa .Y muy pocos pueden librarse de su furia desenfrenada. Con razón la liturgia cristiana del bautismo usa el agua como signo de muerte y resurrección.

Quiero seguir viviendo como un río de sierras
que recibe y entrega
que explora, rasguñando, las orillas más altas
para llevar riquezas a las playas más bajas
que aún en los remansos
se mueve y sueña bajo su descanso
que lleva siempre diferentes cielos
porque también recorre nuevos suelos
que a veces acaricia suavemente
y a veces es rugido de creciente
que si hay barro se mancha en las orillas
y si arena , se limpia y purifica
que es ayer sin dejar de ser presente
y es futuro en conquista permanente
que arranca de las cumbres el vigor y el coraje
para lograr con la humildad del valle completar su mensaje
que vive libremente la obediencia del cauce
trazado por él mismo para impulsar su avance.

(de *"Poemas de tiempo y sal"*)

Veintinueve

Anecdotario y humor scout, llamaría a estos relatos con pinceladas de aventura, vividos en Campamentos y viajes con muchachos y chicas del Grupo "Güy de Larigaudie".

"Paró las patas" Eso fue lo que realmente le pasó a un simpático perro, acariciado por todos, que nos acompañaba en la Galería del rancho de los Domínguez, al pie del Cerro Champaquí, donde nos habíamos refugiado. La tormenta había barrido nuestras carpas y estábamos amontonados para comunicarnos calor, en esa galería, gustando un mate cocido. Se sucedían los relámpagos y truenos que parecían estallar en el patio cuadrangular que rodeábamos. De repente un chasquido seco, como un disparo en el oído. Y el perro quedó literalmente, dando una vuelta campana, con las patas duras, hacia arriba.
-*Lo mató el rayo*- fue el comentario inmediato. Y todos, atemorizados, se separaron del apoyo de paredes y troncos que sostenían la galería quincho. La mirada inquisidora se fijaba en mí, como responsable de la inseguridad del lugar.
Apareció entonces la dueña del rancho, y nos enseñó:-*No tengan miedo chicos. Lo mató el trueno, no el rayo. Estos perros están enfermos de chagas y tienen el corazón muy débil. Se ha muerto de susto.- No se mueran ustedes de susto!*
Sólo nos quedó muy clara la explicación de qué es "parar las patas".

En un Colegio parroquial de San Salvador de Jujuy nos habían permitido pernoctar en nuestro viaje hacia la Quebrada de Humahuaca. Ocupábamos las aulas del primer piso. Nos avisaron que a las 0 hs. debían cerrar las puertas con llave por motivos de seguridad. No encontramos inconveniente. A eso de las 2 de la madrugada, acostado sobre una

- 125 -

tabla de pizarrón, (los muchachos y chicas dormían en el suelo), comencé a sentir un dolor en el costado. Intenté acomodarme volviéndome hacia todos lados, pero el dolor crecía. Caí en la cuenta de que se trataba de un cólico renal. Ya lo había experimentado antes. Resistí dos horas pero, al fin, me decidí a despertar a dos Dirigentes para buscar solución. Nos asomamos a todas las ventanas para complicar a algún transeúnte en el pedido de que nos abrieran las puertas. ¡No pasó nadie!

Con gran espíritu de aventura, dos de los muchachos subieron al techo y, a través de toda la extensión de la capilla, llegaron a la calle y se encaminaron en busca de auxilio. A la hora, regresaron con una ambulancia. Golpearon la puerta de la casa contigua pero no obtuvieron respuesta. Me comunicaron que no había otro camino que salir por los techos. Comencé con ayuda de ambos a caminar por la estructura de dos aguas manteniendo el equilibrio como podía. En eso, apareció en el patio de la casa un hombre de sotana negra con un rifle de aire comprimido que, sin más, comenzó a disparar los balines y a insultar sin ningún control. Tratamos de explicarle a los gritos que era el Padre Mariani y que estaba enfermo. Tardó en convencerse. Al final nos permitió bajar a su patio con una escalera. Nos pidió disculpas y nos sirvió un té. Estaba recién llegado de España y tenía noticias de que en esos días se habían producido robos en Humahuaca. Se excedió en el alerta.

No fue necesario utilizar la Ambulancia. Mi cólico ya no me producía dolor.

Con unos treinta chicos entre 11 y 13 años ascendíamos al Cerro Pan de Azúcar. Se fue espesando la niebla. En un momento no veíamos al que iba delante ni al de atrás. Uno tropezó en una roca y cayó, nos amontonamos a su alrededor, le ayudamos y nos dimos cuenta de que no sabíamos dónde estábamos. Habíamos perdido al senda. Escuchábamos de cuando en cuando sonidos de motores que subían por el camino. Pensamos un momento y decidimos hacer una cadena tomándonos de la mano, en dirección hacia donde escuchábamos los sonidos. Avanzó el de la cabeza y cuando los brazos estuvieron tensos, su grito avisó para que sin soltar las manos, cambiáramos cabeza por cola. Repetimos la maniobra seis o siete veces y llegamos al camino. Ya no lo abandonamos hasta llegar a la cumbre. Soluciones nuevas para problemas nuevos.

Hacíamos nuestro primer viaje largo con los scout rovers de Río Ceballos. Habían juntado dinero podando árboles de la Avda. San Martín, con vigilancia municipal. Mi primer automóvil, un "Baqueano 500" con elásticos reforzados y provisto de una cúpula en la caja, se cargó con dos bancos de plaza en los que nos sentamos tres de cada lado con las rodillas encajadas entre las rodillas del que estaba al frente. En la cabina, junto al conductor, dos pasajeros más. Destino: Bariloche.
Desde Gral. Roca todo camino de tierra. En medio del desierto antes de "La Japonesita", nos quedamos sin combustible. Amanecía. En Lihuel Calel no habían querido cargarnos nafta por no ser socios del Automóvil Club. La vegetación compuesta de arbustos raquíticos estaba cubierta de copos de nieve. Nuestra única provisión era pan, azúcar, yerba y tachos de cinco litros. No cabía más en nuestro transporte. Hambre y frío. Había que hacer mate cocido. Se distribuyeron responsabilidades. Unos cortaron arbustos y trataron de prender fuego. Otros con los tachos fueron a recoger nieve. El tacho lleno de copitos blancos, quedaba reducido a una mínima porción de agua al derretirse la nieve sobre el fuego. Y ¡llegamos a tomar el mate cocido con pan! La gran hazaña.

A media mañana pasó un camión que nos llevó a buscar combustible. Y continuamos, con la aventura encima.

Perdidos! Esta es una experiencia bastante repetida en las caminatas y excursiones scout explorando lugares desconocidos. Partíamos desde Estancia San Miguel de los Ríos hacia el Champaquí, atravesando la Estancia del "Catre" : Llevábamos como guía un muchacho de la zona en su caballito serrano. La lluvia mansa nos acompañó desde la salida. Cuando llegamos a Corral de Mulas, estábamos empapados a pesar de los impermeables de plástico. Se hacía indispensable detenerse. La noche de luna llena nos permitió seguir caminando bajo su luz y su poderosa barrida de nubes. Pero, el guía se desorientó. Eran las dos de la madrugada. Cuando lo vimos dar vueltas alrededor de un mismo círculo nos dimos cuenta del problema.

No sé dónde estamos. Pero allá abajo se ve una luz. No tenemos otra que bajar.

Y bajamos. Despertamos a los dueños del rancho. Una pareja de ancianos. Se sorprendieron pero, seguramente pensando en sus nietos, nos recibieron sonrientes. Desplazaron a una galería los pocos muebles de una sala bastante amplia. En el piso, el grupo de 40 chicos, extendió sus bolsas de dormir y pronto se hizo silencio completo. Hambre y cansancio son somníferos específicos.

Los Dirigentes quisimos preparar un mate cocido para aliviar ambas cosas. Los ancianos nos ofrecieron una parvita de leña que tenían reservada. Se trataba de tabaquillo. Esa leña es como papel. Para calentar un tacho de cinco litros de agua, les gastamos prácticamente toda la leña. Los ancianos sonreían y nos alentaban a continuar el esfuerzo de obtener agua caliente. Al fin, pusimos la yerba y estuvo listo el mate cocido. Lo llevamos gozosos a la sala. Logramos despertar a tres chicos. Los demás se revolvieron molestos de que les insistiéramos y continuaron durmiendo profundamente. Debimos aprovechar el mate cocido los cinco Dirigentes y los tres chicos.

Belén no vuelve! Estaba anocheciendo y tras un juego que movilizó a todos los chicos del Campamento en Pintos, una de las chicas no regresaba. Rastreo minucioso para buscarla. Gritos en el monte. Finalmente, Belén se desperezaba debajo de un tala del monte y se admiraba de que ya estuviera anocheciendo. Felizmente ¡perdida y encontrada!

¿Y Luciano? Era un juego nocturno en San Miguel de los Ríos, en medio de los pinares de una forestación muy extensa. El juego, con mucha práctica de "stalkin"(observación sin ser vistos) concluyó a medianoche. Y Luciano no regresaba. Otra vez, operación rastrillo, con los 30 chicos mayores del Campamento. En la noche silenciosa el "cuerno" y los gritos de ¡Luciano, Luciano! resultaban angustiantes. Después de la una de la madrugada, el cuerno sonó repetidamente para avisar que cesaba la búsqueda.
Luciano, tan perfectamente escondido que ni él sabía dónde estaba, dormía profundamente con la cabeza en una piedra, estirado sobre la blanda hojarasca de los pinos, a unos cincuenta metros de los límites del Campamento. Pasó el susto y fue inevitable un alegre "capotón" al somnoliento muchacho.
Una excelente práctica de organización y serenidad colectiva preparándose para los desafíos de la vida.

Las anécdotas que revelan el espíritu de aventura para vivir los desafíos de la naturaleza y la capacidad y autovaloración desarrollada en este estilo de vida, se multiplican incesantemente. Humor y coraje hacen falta para vivirlas. No he querido dejar pasar este aspecto de mi vida de contacto permanente con jóvenes. Creo que ha sido el gran motor para mantenerme actualizado y hasta, en algunos aspectos, joven con ellos.

Mis espaldas deslumbradas
y mi frente, de colores.
Con mi vientre hinchado en lluvias
que apaciguan y fecundan los ardores.

Con las alas fatigadas
de horizontes sin confines
Y mis vuelos impacientes
por vivir en la aventura de ser libre.

(de *"Espacio"* poemas)

Treinta

-*El hijo de "Palito", de dos años, se ha caído al Canal y no lo encuentran.*

Salí apresuradamente hacia el barrio Canal de las Cascadas. Los declives del terreno producían varias caídas de agua. A eso debía su denominación ese curso del agua para riego. La villa de emergencia ocupaba todo el lado izquierdo, poblado de grandes árboles que brindaban sombra y refugio. Las casitas se agolpaban unas junto a otras. La primera o segunda, cerca de la calle pública, atravesando los rieles, era la de Palito. Allí estaban concentrados los vecinos. Cada uno había puesto lo suyo para buscar el cuerpecito del bebé. También estaban en plena acción los bomberos. Ningún resultado. Acompañando el dolor de esa familia, me puse en contacto con la gente de la villa y permanecí con ellos varias horas. Los conocí y me conocieron. Durante la larga espera, me enteraron de sus necesidades y problemas más urgentes. Cuando al día siguiente encontraron el pequeño cadáver a tres o cuatro kilómetros del lugar en donde había caído, nos reunimos en la oración de despedida. Volví a casa cargado de todo lo que significaba vivir en el ambiente de una villa de emergencia. El primer grupo con el que me reuní esa Semana resolvió apadrinar a aquellos hermanos para la solución de sus problemas. A poco andar me di cuenta de que era necesario que yo mismo me estableciera allí, como contención de las rivalidades y animador de los trabajos que se iban realizando. Un pequeño salón comunitario, organización de un esbozo de Cooperativa, visita a cada una de las casas . . . etc. Decidí instalarme allí en una carpa. Durante tres meses, los más cálidos, acompañé los trabajos, que dejaron saldo positivo. Alfabetización de adultos, cursos para instaladores electricistas y armadores cementistas, transformaron en lo que es posible, las expectativas de la gente y el clima villero.

Fue mi primera experiencia. Realizada con mucho entusiasmo y en clima de gran colaboración de la gente de la parroquia, perteneciente en general a una clase media acomodada.

El "cordobazo" pateó el tablero. Resultado de un largo proceso que venía gestándose, la indignación nacional desembocó en Córdoba. Los nombres de los Dirigentes resultaron importantes Tosco, Ongaro, Alberti, Torres, Mena, Ferreyra . . . pero fueron superados por el pueblo. La ciudad ocupada por fuerzas policiales, cortados los accesos y los puentes, a la hora señalada para el comienzo del paro activo, los convocados empezaron a brotar como columnas de hormigas, por todas partes. En el centro la gente circulaba con valijas y paquetes como si anduviera de compras. Estudiantes de la Universidad Nacional y la Católica, SMATA desde Kaiser, desde el Clínicas los estudiantes más jugados por su tradicional organización defensiva, todos confluían como arroyos inofensivos, hacia el gran torrente. Cuando éste se desbocó inundando la Colón, desde los balcones la gente aplaudía y se plegaba con sus gritos y los trocitos de papel que caían como palmadas sobre los hombros de los manifestantes . El barril explosivo que era la nación oprimida, necesitaba una chispa. Y esa saltó en Córdoba. Llamas por todas partes. Xerox, la Citroen, los automóviles detenidos en las calles. El pueblo estaba fuera, incontrolable. El Ejército salió sin reservas de ninguna clase, a matar. Pero no todos los soldados estaban convencidos de matar a sus compañeros.

El 30 por la tarde, la represión había terminado con el alzamiento. Muertos, prisioneros, daños materiales cuantiosos, algunos francotiradores aislados. Pero había terminado también la católica dictadura de Onganía. Los sacerdotes del

M.S.T.M, emitimos inmediatamente un comunicado. En líneas generales explicábamos que la violencia había sido la respuesta previsible a una violencia más dura, pero con guante blanco, la Dictadura militar. Esto me indispuso con mucha gente cuyos intereses habían sido dañados por los actos desenfrenados y con otros que, sin ser perjudicados directamente, se horrorizaban por el desorden y la violencia. Muchos entonces me "hicieron la cruz" y me dejaron crucificado para siempre. La gente joven seguía llenando el espacio de La Cripta, gozando de la música "beat" y masticando las denuncias que se trasmitían en las letras de los cantos y en la predicación, en algunas oportunidades, compartida. El grupo universitario en efervescencia justiciera, me convenció por dos de sus miembros, Guillo y Daniel, de irnos a radicar en la Villa que ocupaba ambas orillas del Río Primero, para compartir de cerca los resultados de la opresión dictatorial. Accedí.- Otra vez una carpa.- Lo inmediato fue hacer una pequeña habitación que llamamos "la redonda". Era un cilindro con cúpula de horno. Lugar de reuniones y planes. Lugar, más que todo, de la esperanza de un mundo mejor. Un pozo para obtener agua potable, símbolo de la dirección de nuestra búsqueda. Un plan de construcciones por ayuda mutua, con el dinero obtenido de la venta de la Casa parroquial, situada en el predio que hoy ocupa el lujoso y archimoderno bar y restaurant Rock & Feller. ¡qué contraste! Cursos de adiestramiento y alfabetización con el proyecto CREAR.

Los seis meses que pasé, volviendo a la sede parroquial sólo los Domingos, fueron una experiencia muy rica. Pero me convencí de que me resultaba imposible aceptar la austeridad de esa vida, sin luz que me permitiera la lectura nocturna, y sin otro depósito de agua para higienizarme, que la del río que corría a unos 200 mts. del lugar. Y admiré a quienes eran capaces de aguantarlo

Daniel fue Presidente del centro de Estudiantes del IMAF. Lo secuestraron y lo mataron en La Perla, con órdenes y acción directa del Gral. Luciano Benjamín Menéndez, de acuerdo a la declaración de una testigo presencial.

Guillermo fue apresado y se aguantó un año de cárcel, con acusación de incitación a la violencia. Después formó una hermosa familia, con la que hoy vive. Su cabeza sigue alimentando ideales.

Desde esa Villa, en que estuvimos unos meses con Guillo y Daniel, un obrero de vialidad el "negro" Cardozo, me invitó a integrarme a los grupos que preparaban un traslado de las villas de la zona de la 14, a terrenos situados en Arguello Norte, que el Gobierno estaba dispuesto a expropiar. Gobernaba Córdoba Obregón Cano. "Los montoneros" habían tenido oportunidad de organizar un gobierno con bases de justicia social. Una vez más dejé la sede parroquial para establecerme en la capilla de Lourdes, situada en el medio de una villa y del terreno que estaba previsto expropiar. Allí me acompañaron jóvenes del Movimiento claretiano del "Tambo", que habían llegado hasta mí en busca de un compromiso social más directo. Organizamos toda una campaña de conscientización, en base a visitas domiciliarias con una imagen de María. Nada que ver con las que ahora se estilan como un modo de proselitismo y devoción comercial y supersticiosa.

Cuando Montoneros se retiró de Plaza de Mayo en aquella concentración del Día del Trabajo, Perón no pudo resistirlo y la persecución los volvió a la clandestinidad. Un Jefe de Policía, instruido y sostenido por Perón y López Rega se alzó contra el Gobierno de Córdoba y destituyó a Obregón Cano. El asesinato de Atilio López, el Vicegobernador, formó parte del mismo plan.

En Villa Lourdes, con Jesús Torres como presidente de la Cooperativa, yo había aceptado el cargo de síndico. Reunidos con los vecinos, frente a la capilla, esa tarde del "Nava-rrazo", decidimos defender el orden constitucional, poniéndonos de parte del Gobernador. Me asignaron el compromiso de hacer carteles para colocar frente a la Estación de trenes de Argüello, repudiando la asonada y lo acepté. Antes de que pudiéramos desconcentrarnos, llegó el aviso de que "la cana" nos había cercado. Estaban en las dos entradas de la villa. La gente se fue a sus casas apresuradamente Nosotros, con Cardozo, nos orientamos al paso de peatones sobre el Canal, que da a la Escuela Lazcano Colodrero. Ya los móviles policiales recorrían los senderos de la villa, en gran parte baldíos, disparando las pistolas y sembrando miedo. Nos tiramos al suelo. Afortunadamente los yuyos eran suficientemente altos y tupidos como para cubrirnos. Así estuvimos hasta el anochecer. Esa tarde secuestraron a Jesús Torres en su casa, cercana al lugar en que estábamos acostados. No supimos de él hasta mucho tiempo después.

Ike, uno de los muchachos que me acompañaban para la acción en el barrio, había decidido integrarse a la Organización Montoneros y, de acuerdo a un compromiso previo, había dejado nuestro grupo. Los otros dos seguían apoyando desde lejos. En una conversación confidencial con Ike, me confesó casi desesperadamente *"nos están mandando a la muerte"*. Estuvo en el Castillo de Alto Verde cuando la policía los cercó, dando muerte a algunos y haciendo huir a otros. Seguramente , por algún delator, las Fuerzas de Seguridad tenían los nombres de todos los que estuvieron concentrados en el lugar. Y los fueron persiguiendo uno a uno, y aniquilándolos. Ike fue apresado mientras distribuía útiles escolares entre las familias de Villa Lourdes, que lo conocían y apreciaban. Utilizando la consigna del cianuro antes de la tortura y la delación, consumió la pastilla que llevaba en el doblez de la camisa. Llegó a la cárcel, muerto. Así al menos informó la Policía a su padre, Vicecomodoro de la Fuerza Aérea.

Cuando ante los mayores
los muchachos protestan
e insisten en preguntas
que quedan sin respuesta
te recuerdo en el Templo
y brota la sospecha
de que esté tu mensaje
en los que se rebelan.

(de *"Miedo a pasar de largo"* del Cancionero parroquial)

Treinta y uno

Rte. B.- Goya.- ....Corrientes.

Rompí el sobre intrigado e impaciente. Miré enseguida la firma. No era la de B que yo conocía perfectamente en los trazos y desde el corazón. Era una amiga suya.

Muy estimado Padre Mariani: Ni Ud. me conoce ni yo lo conozco a Ud. Pero es como si lo conociera. B me habló mucho de Ud. y me encomendó que, cuando ella no estuviera, le hiciera llegar la noticia de su partida y le contara nuestras confidencias. Hacía dos años padecía un cáncer de mama que no fue detectado a tiempo y, finalmente la llevó. Sé la tristeza que esto le producirá. . . o no. Ella siempre lo recordó a Ud. como el gran amor de su vida. Cuando sus padres se trasladaron a Buenos Aires, le dijeron que, por alguien que los quería mucho habían conocido las relaciones entre Uds. Que Ud. había manifestado a esa persona, que ella constituía para Ud. una tentación irresistible y que por eso había estado muy cerca de abandonar el sacerdocio. Que cuando Ud. decidía cortar, para vivir tranquilo, ella se presentaba de nuevo. Lloró mucho, pensando que lo que le decían sus padres era verdad, e hizo propósito de olvidarlo y romper toda relación con Ud. Se casó. Tuvo tres hijos. Su esposo, agrónomo, se trasladó a Corrientes. Compraron una buena extensión de terreno y vivían con cierta comodidad. Los chicos se educaron en Goya, a donde ella viajaba con frecuencia. Nos conocimos accidentalmente en una fiesta del Colegio de los chicos. La nena es igualita a ella, tiene ahora once años. B lo siguió en los lugares donde Ud. estuvo y, en una oportunidad, en Río Ceballos fue a una Misa que Ud. celebraba, sin darse a conocer.

Me pidió encarecidamente que yo le contara estas cosas. No sé si le molestarán o le harán bien. Soy católica, pero pienso que los sacerdotes debieran casarse. ¡Creo que B hubiera sido tan feliz con Ud.! Al menos siempre me dijo que la espinita que

llevaba constantemente clavada, era el recuerdo de Ud. Mi dirección es... Si desea responderme o averiguar otros detalles, estoy a su disposición.
He cumplido con el deseo de una amiga querida.- hasta siempre Laura.

A medida que avanzaba en la lectura, sentía los ojos cargados. Apenas terminé, las lágrimas me inundaron. No fueron suficiente. Comencé una serie de espasmódicos sollozos. De rabia, porque alguien, pretendiendo defenderme, le había mentido y ella había tenido que vivir con esa tortura. De ternura, porque había permanecido callada y sin odiarme. De impotencia, porque ya todo había pasado y ella estaba muerta. De rebelión contra esta disposición disciplinaria de la Iglesia que es el celibato sacerdotal. Me encerré en el baño, me miré al espejo, me insulté. Y seguí llorando hasta agotarme.

Intenso remolino de pétalos y luna
de estrellas y campanas
de torrente y pájaros
de sabor y fragancias.
Una gota resumen
orada el espesor de lo consciente
e inunda el primitivo
inaccesible plano de la vida y la muerte
Y la sangre en oleadas que repite
golpeándome las venas
que la ocasión no vuelve
si una vez la descuidas o la ahuyentas.

(*"Enamorarse"* de *"Enhebrando horizontes"*)

Treinta y dos

"Estos son los montoneros que mataron a Aramburu". Así rezaba una "pancarta" enarbolada en una caña, que me dejaron los compañeros villeros cuando, en una concentración convocada por Montoneros, - entonces "en superficie"- desde el Palco, llamaron a agruparse para evitar cargas de la policía. El Palco estaba situado a uno de los costados de la Casa Radical, mirando hacia Plaza Vélez Sársfield. La columna, llenaba la Avda. y Plaza Vélez Sárfield, desde la Escuela Olmos a calle San Luis. Nosotros estábamos frente al edificio del Seminario mayor. En el balcón había unos siete seminaristas curiosos. Cuando miré hacia arriba, se me dio también por mirar lo que decía el cartel que tenía entre manos. Me sorprendí y esbocé una sonrisa. ¡qué ingenuo! Pero, ya estaba metido. Y, en el baile, hay que bailar. Los seminaristas, afortunadamente creo, no me reconocieron.

Mi relación con el grupo de Montoneros, databa de los años en que, como estudiante de Psicología en la Universidad de Córdoba, me había contactado con algunos que después ingresaron a esa Agrupación. Estas comunicaciones se interrumpieron con el acontecimiento de La Calera, aunque los visité posteriormente, cuando estaban presos en Encausados, mientras iba a ver a un compañero y querido amigo sacerdote español Luis Bayón. Su aventura fue increíble. Integrante de una orden religiosa, había venido de España con ideales misioneros. Con Emilio Trotmenu como párroco de "las Violetas", un barrio muy pobre de Córdoba, trabajaba como peón de albañil para colaborar al sustento. Regresaba una tarde del trabajo, cuando al pasar frente a una casa vio que bajaban de un Falcon cuatro individuos armados que derribaron a patadas la puerta de una casa y entraron a golpear a las personas de su interior. Se fijó en el número de patente y continuó pedaleando en su bicicleta. Anotó el número en su pequeña Agenda. Pero, a poco andar se reprochó no haber hecho algo más por los que había visto víctimas del atropello. Volvió. Al pasar nuevamente frente a la casa, sacaban violentamente a dos personas. Mientras él miraba, uno de los hombres del Falcon se le abalanzó, le tiró la bicicleta y le apuntó con la pistola. Lo metieron también en el automóvil y se lo llevaron.

El Arzobispado no reconoció su responsabilidad sobre él, cuando fue consultado por el Juez Federal Zamboni Ledesma. Y así quedó. Con la acusación de ser correo secreto entre la ETA, los Tupamaros y los Montoneros argentinos. La fantasía de los represores da para todo. No hubo poder de Dios que le sacara de encima estas acusaciones. El Obispo auxiliar Rubiolo, dijo literalmente, que él no podía poner las manos en el fuego por alguien a quien no conociera. Y éste era recién llegado. Aprovechando la opción de volverse a España salió de la cárcel después de un año. Se casó y tiene una hermosa familia, pero siempre lleva la herida de recordar que la Iglesia "amada" le volvió la espalda en el momento preciso en que la necesitaba. Y está convencido de que hubiera seguido con mucho gusto ejerciendo el ministerio sacerdotal.

Casi lo mismo sucedió con otro sacerdote español párroco de Barrio Observatorio, extraordinariamente fiel al Obispo Primatesta. No tuvo defensa oficial y, finalmente, optó por salir del país. Después regresó y reasumió el ministerio en una parroquia de otra Diócesis.

Los Montoneros en superficie, después del regreso de Perón, realizaron interesantes planes sociales. El proyecto CREAR de alfabetización de adultos, con la metodología de Paulo Freyre. La erradicación de Villas con un trabajo previo de educación y diseño por parte de las propias familias, de los domicilios familiares y la distribución de los espacios en los

Barrios nuevos. En todos participé. El Grupo dirigente obtuvo mi autorización para reunirse en la casa parroquial, ocupando el salón de reuniones. Durante el Gobierno de Obregón Cano, intervinieron en la designación de funcionarios para las áreas más definitorias en el campo social. Me ofrecieron personalmente, la Secretaría de Familia. Otros compañeros sacerdotes creyeron que valía la pena arriesgarse. Yo siempre tuve el convencimiento de que no debía complicarme con puestos políticos. Cuando todo terminó, con el desplante de Perón en Plaza de Mayo, echando a los "muchachos", y con el plan de derrocamiento del Gobierno cordobés protagonizado por Navarro, Jefe de Policía, quedé enganchado con muchos de los proyectos y las personas de la Organización, desplazados a la clandestinidad. Pero al producirse paulatinamente una militarización con una disciplina que calificaría de despiadada, y se produjeron también "dobles agentes", muchas veces descubiertos por quienes habían quedado atrapados sin salida, me marginé absolutamente. Mi retiro involuntario a Brasil, en el 77, puso distancia y clausuró finalmente esa visión de un grupo idealista con ofrenda de vidas y de sangre que se cambió en aislamiento del pueblo y empecinamiento en intereses de poder.

Un detalle. Cuando con el tiempo, quise recordar los nombres de aquellos veinte muchachos de la Dirigencia, que se reunían en el Salón parroquial, no pude lograrlo. Sólo permanecían después de ese "barrido higiénico" de la memoria, los de dos conocidos por mí con mucha anterioridad. Se trataba de dos ex-seminaristas y compañeros de estudio en la entonces Escuela de Psicología de la UNC. El temor de que en alguna oportunidad las preguntas de la represión encontraran en la memoria esos nombres, los borró definitiva aunque inconscientemente.

Y saltarán caretas de devotas posturas
de libertades huecas y blancas dictaduras
y empezará en América, vagido y profecía
el día de la gracia después del de la ira.

(de *"Espacio".*- Historia, rabia y poesía)

Treinta y tres

Barcelona. ¿Qué hacía yo en Cataluña? Era el año 1972. Después de la tragedia que significó para mí el accidente de Luis Pillado, las Hmnas. de San Casimiro, con cariño y diligencia, buscaron alguna solución para mi decaimiento psíquico. El hermano sacerdote de una de ellas, ofreció pagarme el viaje a Estados Unidos. Acepté y viajé con la Hmna. Leandra Yerkes, hospedándome en su casa de familia de Chicago. Resultó una experiencia muy valiosa.

Para ese entonces, arreciaba la "onda" que los sacerdotes teníamos que buscar otro modo de sustento personal que la colaboración de los fieles por los antipáticos "estipendios" sacramentales. El Vaticano II instaba a desligar absolutamente los servicio sagrados del dinero. Como tantas otras decisiones esto no fue llevado a la práctica sino por muy pocos. Logré un empleo en la Secretaría de Extensión Universitaria como responsable de Medios de Comunicación Social. Sin goce de sueldo, me encomendaron buscar contactos con la Televisión Educativa, concediéndome licencia para viajar a Estados Unidos Era el tiempo de "Sesame Street", el programa educativo que, en la adaptación mejicana se llamó Plaza Sésamo. Se trataba de una verdadera novedad. Busqué y logré algunos contactos. Así visité de Septiembre a Diciembre Chicago, Los Angeles, Minesota, Nueva York.

Con un amigo sacerdote y dos profesoras, Lolita y Tere, planeamos encontrarnos en Madrid para un recorrido por España. Los conocimientos y erudición de mis tres compañeros de viaje me enriquecieron enormemente en el transcurso de ese viaje, austero al máximo, pero aprovechado en todos sus tiempos y detalles.

En Barcelona , que yo conocía de mi viaje anterior, decidimos separarnos. Yo partiría a París para contactar unos parientes afincados allí. Tenía pasaje reservado para el día 12 de Enero. Ese día, amanecí con un fuerte dolor en el hombro derecho. Tan agudo, que me impedía mover el brazo. Me inyectaron un antinflamatorio y, recién por la noche disminuyó el dolor. Pude viajar al día siguiente, pasando por Andorra, la diminuta república independiente de Los Pirineos, que constituía una de mis curiosidades.

12 de Enero. Reflexionando después sobre ese repentino malestar en mi hombro, caí en la cuenta de que era exactamente la fecha del accidente de Luis. Su recuerdo me estaba llamando, con esta palmada fuerte en el mismo hombro que impidió hacía un año, que yo lo acompañara en la exploración del río de Pozo Azul.

Una inquietud que tenía desde mi época de seminario, era la de llevar bigote y barba. Estaba prohibido entonces. Eran elementos de vanidad. Aproveché este viaje para cumplir aquel capricho. Mi personalidad seguía escalando libertades, aunque me costaba reconocerme frente al espejo

Y, a propósito de esta conquista paulatina, cuando regresé, decidido nuevamente a poner mis energías en el Movimiento scout, reanudamos los viajes en las vacaciones de Julio y, a instancia de los Dirigentes, concurrí con ellos a los lugares de baile y comencé a permitir la expresión y el balanceo de mi cuerpo. Otro escalón de libertad.

En Bella Vista, Carlos trabajaba de repartidor de soda. En barrio El libertador, Víctor repartía leche. El Vasco reparaba máquinas de tejer Knitax. Me añadí a ellos, encargándome de pasar a máquina y clasificar las "prendas" de los adquirentes de dichas máquinas.

La decisión de trabajar para sustentarse, era consecuencia de un deseo de identificación con el pueblo, de búsqueda de independencia y a la vez, de recriminación para una Iglesia que a pesar de sus abundantes propiedades no sostenía al clero que prestaba servicio en los barrios más pobres. Brotaron entonces varias iniciativas para hacer un fondo común entre los sacerdotes comprometidos con una nueva visión. Ninguna prosperó definitivamente.

La caracterización posterior de los curas con estas opciones, de "comunistas", que los colocaba en la mira de la Iglesia Oficial y de la Dictadura militar, detuvo esas experiencias que en Santiago de Cuba, apoyadas por el Obispo, dieron resultados envidiables.

Mi mañana es un grito
mi ayer es una herida
y mi hoy una cuerda sin sonido.
No estoy dormido
sólo estoy despierto

Y no estoy muerto
solamente vivo
sin aureolas, misterios ni espejismos,
la simple realidad que soy yo mismo

("Soy" de *"Poemas de tiempo y sal")*

Isabel Martínez y López Rega. Los dos grandes errores de un caudillo repatriado por el pueblo, ante el desastre que significó la católica y cursillista dictadura de Onganía, seguida por el improvisado y misterioso Levingston, y cerrada por Lanusse, ante la presión ya insufrible de la sociedad.

La masacre de Trelew, con la ejecución a sangre fría, so pretexto de que intentaban fugarse, de los presos políticos cuyas vidas se había acordado respetar por parte de la Marina, a cambio de la entrega de las armas con que habían llegado al Aeropuerto desde la prisión de Rawson, puso una nota trágica con la evidencia de que no había palabras que respetar en esa guerra. La planeada fuga del Penal de Rawson, había fracasado parcialmente, pero los primeros que llegaron al Aeropuerto y secuestraron el avión de Austral, arribaron sanos y salvos a Chile y pudieron después de un tiempo, gracias al informe de una sobreviviente dar testimonio de lo ocurrido a sus 16 compañeros de prisión. El honor y la caballerosidad del compromiso de la Marina frente al juez Quiroga de respetar las vidas de los que se entregaban, rodaron por el barro a las pocas horas. En la base Almirante Zar fueron eliminados sin escrúpulo. Era un Martes. Al Domingo siguiente de ese 22 de Agosto del 72, en la puerta de acceso a La Cripta, coloqué un letrero: *"La celebración de hoy, tiene sentido de protesta por las víctimas de Trelew. Si Ud. no está de acuerdo, no participe, para no sentirse molesto"* Al fin de la Misa leí una declaración, lamentando lo ocurrido y calificando de patraña el intento de fuga con resistencia armada que, como en otros casos, había sido fraguado para justificar el fusilamiento a traición, de los 16 combatientes guerrilleros en prisión, violando todas las leyes internacionales. Un Sr. escribano de profesión, se levantó indignado y, desde las escaleras gritaba marchándose

-*"Me voy a denunciar a la 14* (una seccional de Policía situada a unos 100 mts.del Templo) *esta incitación a la violencia"*.

-*¡Andá botón, andá!* Brotaron voces indignadas que se rubricaron con un vigoroso aplauso y silbatina. Seguía sin embargo el temor de ver aparecer, de un momento a otro, uniformes y armas, con orden de arresto.

Es oportuno explicar que la seguridad que tuve, inmediatamente de recibida la noticia, de que lo de Trelew había sido un fusilamiento a sangre fría, fue dada para mí por un detalle del comunicado oficial *"afortunadamente y, gracias a Dios, las fuerzas del orden no sufrieron ninguna baja"* Esto era clásico de los fusilamientos por la "ley de fuga" que quería decir "obligación de fugarse para ser acribillado". Completada por la táctica del "ventilador", que consistía en sacar a los presos a ventilarse para simular un enfrentamiento y acabar ametrallándolos.

La vuelta de Perón, a pesar de las incomprensibles rivalidades de las facciones internas, y la entrega del poder por Lanusse, parecieron abrir el horizonte. No fue así. Lentamente, como corriendo el telón a un espectáculo y una esperanza terminados, todo fue empeorando.

> Mirar no es suficiente
> cuando suena el fragor de la creciente
> Ni ser sólo testigo
> cuando se tiene dentro al enemigo.
> No basta lamentarse, hay que jugarse.
> No basta mantenerse, hay que brindarse.
> La resaca ha quedado en las orillas
> y en el alma, la herida.
>
> Ojalá con basuras y con sangre
> sepamos amasar en otra historia
> la lección aprendida.
>
> ¡Defensores del orden
> Asesinos del hombre!

(de *"Poemas de tiempo y sal"*)

¿Qué pasó con la astucia del "viejo lobo"? ¿Bastaron un brujo ambicioso, y una pobre mujer disfrazada, para acabar con toda una historia que pudo marcar huellas profundas en América Latina?

Pero, así fueron las cosas. Y ya, después de la muerte de Perón, se hizo inaguantable la incapacidad de Isabel que gritaba con voz destemplada sus discursos, sus arengas y amenazas. Detrás estaba López Rega, cada vez con más poder, y manejando la terrible Triple "A" que sembró de víctimas y de odios el País.

El golpe del 76 era absolutamente previsible. Más aun, mucha gente estaba convencida de que era la única solución. Los Partidos políticos mostraban una vez más su ineficiencia para aportar soluciones democráticas y, en cambio, su prisa por golpear las puertas de los cuarteles. No digamos nada de la Iglesia oficial que, apenas producido el golpe se pronunció en favor de esta "cruzada de libertad", desde el mismo púlpito de la Catedral de Buenos Aires.

La Junta Militar del Proceso de Reorganización Nacional, instauró una férrea y cruel dictadura. El justificativo fue una calificación de "guerra sucia" con que pudieran permitirse, desde el poder, todos los excesos. El comandante del Tercer Cuerpo Luciano Benjamín Menéndez, desempeñó su papel de represor con verdadero fervor. El secuestro del Dr. Miguel Hugo Vaca Narvaja, el asesinato de Hugo (h) valiéndose de la "ley de Fuga" que el mismo Menéndez había establecido, el exterminio de toda la familia de Mariano Pujadas, se cuentan entre los hechos "heroicos" a su cargo. Una cantidad de secuestros de jóvenes simpatizantes de las izquierdas, aunque no estuvieran integrados a los Grupos armados, la crueldad de las torturas autorizadas y a veces dirigidas personalmente por él, de acuerdo a testimonio de sobrevivientes, en los Campos de concentración de La Perla y La Ribera, la vigilancia ordenada en los ámbitos eclesiásticos progresistas, la quema de libros, los allanamientos a parroquias, sembraron un clima de terror en incesante aumento. Nadie podía considerarse seguro. Bastaba un decreto del Supremo, para que un Falcon te secuestrara y pasaras a "desaparición". Cientos de madres angustiadas en busca de sus hijos arrebatados sin ningún aviso ni antecedente. Constantes noticias amedrentadoras. Por mi parte, siempre que me enteré de alguno de estos hechos, por comunicación de sus protagonistas o cercanos, los denuncié el Domingo en la predicación. Los Obispos recomendaban prudencia y hacían tibias declaraciones acerca de la realidad que conocían perfectamente. No querían llegar a una ruptura. Sus negociaciones, a veces, lograron salvar algunas vidas.

Por mi parte, jugaba con cierta ventaja. Después lo supe. Amigos verdaderos, con relaciones personales con distintos miembros de la Fuerzas Armadas, lograron detener procedimientos en mi contra. Un pariente bastante cercano desempeñaba un papel muy importante en un Servicio de Informaciones. Un represor policial a cuya familia había estado muy ligado en su infancia, me avisaba cuando la cosa se ponía muy seria y era inminente algún "procedimiento".

En La Cripta, la predicación y las letras de los cantos litúrgicos señalaban las actitudes a tomar frente a los hechos aberrantes que estaban sucediendo. Nunca imaginé que el Gral. Menéndez, con un libro de cantos en la mano, exigiera a Mons. Primatesta lo hiciera salir de circulación. Y así se hizo, hasta mi regreso.

Despierto a la esperanza
con ojos todavía arrugados por la noche
con el alma cuarteada
por repetidos surcos de tantas frustraciones.
Soy joven pero llevo
el peso y el dolor en los huesos, de los viejos.
Muchos amigos muertos
y verdugos que intentan prohibirnos el recuerdo.
Por eso de mis sueños
me despierto reseco de sal en las mejillas
cubriendo con silencio
las lágrimas y el miedo de la cruel pesadilla

(de *"Poemas de tiempo y sal"*)

Treinta y seis

Todo terminó el 5 de Agosto de 1976. En el funeral del asesinado Obispo Angelelli en el atrio de la Catedral riojana, me pidieron que hablara en nombre de los sacerdotes amigos de otras Diócesis. Contaba con informes precisos de los testigos. Afirmé entonces, con claridad, que estaba seguro de que se trataba de una acción consumada por las Fuerzas Armadas. Apenas concluí mi breve disertación, alguien me arrebató el papel en que figuraba el esquema de mi mensaje. No pude volver a recuperarlo. Volvimos esa noche a Córdoba con Marcelo Sarrail , el amigo sacerdote que me había acompañado. Desde entonces comenzó una especie de juego al gato y al ratón. Llamadas telefónicas. Avisos por parte de distintos informantes de lo que me estaban preparando. Un Falcon de distinto color en cada oportunidad y con distinto número de patente, que se estacionaba en la mano opuesta a la Cripta, a una distancia prudencial. Una o dos veces vi bajar a su único tripulante. El automóvil quedaba solo durante casi todo el día. Conscientes del peligro que corría, los amigos, después de las reuniones de Grupos, me llevaban a dormir a sus casas de familia, con el riesgo que esto significaba. Luego optaron por darme llaves para ingresar a cualquier hora en un cuarto, para el descanso nocturno. Creo no equivocarme al afirmar que unas 16 familias, en ese tiempo, estuvieron a la orden para facilitarme refugio. Nunca pude agradecerles a cada una personalmente. Pero el riesgo que corrieron por mí es encomiable como signo de constancia y amistad.

No dejé sin embargo de realizar mis tareas habituales. Ese año cumplía mis bodas de plata sacerdotales. Quería celebrarlas con mi comunidad.   Y, con todos los sobresaltos logré llegar a la fecha.

El Cardenal, informado por distintas fuentes de las amenazas contra algunos de nosotros, convocó a unos ejercicios espirituales, publicando excepcionalmente los nombres de quienes asistíamos, como un modo de protección pública. Un mediodía, no bajé a almorzar con todos. No me sentía bien. Mi ausencia fue detectada inmediatamente. Después de consultas con distintos compañeros y de averiguar el número de habitación, el Cardenal pidió indagar el motivo de mi ausencia. Temía un secuestro.

- *"Orden del Gral Sasiain: Está citado para conversar con él. en su oficina del Tercer Cuerpo"*
Así se expresó un soldado, descendiendo de un Falcon, cuando abrí la puerta acudiendo a un insistente timbrazo, a las 15 hs. aproximadamente.
- *"Voy a calzarme"* pretexté.
Tenía sólo las pantuflas de la siesta. Subí a mi habitación e hice dos llamados. A las Hmnas de S. Casimiro y a Villa Claret.
Partimos. Entre la butaca del soldado y la mía, una ametralladora. La conversación con el General fue amable. El Obispo se había quejado de que yo recibía amenazas contra mi vida. El Gral. trató de convencerme de que provenían de las organizaciones armadas terroristas. Y me ofreció un cuerpo de soldados para que ejerciera vigilancia rodeando permanentemente el predio de La Cripta. Lo rechacé agradecido. Me contó las jornadas de evangelización y meditación, de acuerdo a las técnicas de los encuentros juveniles llamados "Eslabones" y cómo los soldados descubrían a Cristo. Luego me habló de la necesidad de entender la "guerra sucia", argumentando que no había otro modo de salvar al país y al cristianismo, pues la agresión era netamente comunista Sólo hice movimientos de cabeza. Cuando pulsó un timbre de su mesa y entraron dos soldados armados que se cuadraron ante él, pensé que se acercaba algo grave para mí. El Gral. me indicó, señalándolos:

- Ellos lo custodiarán hasta su casa. Gusto de haberlo conocido y esté seguro de que las amenazas son de la guerrilla. No olvide que puedo disponer de gente para su custodia.

Volví "custodiado" esperando a cada momento que el automóvil se detuviera y me hicieran bajar a "tomar aire" *con mezcla de balas.* Afortunadamente no fue así. Pero ya comencé a sentirme muy en la "mira"

Después de mi celebración de Diciembre, me ausenté al litoral para vacaciones de tres meses. Regresé en Abril de 77. La sensación de vigilancia y persecución era permanente. La seccional 14, en la esquina de la casa parroquial estaba constantemente vallada. Cada noche había disparos, detenciones y asesinatos. A mi hermano Humberto Oscar(Cacho), párroco de Villa Allende, lo allanaron una madrugada, más de cien soldados, que hicieron una revisión tan minuciosa que hasta derribaron el Altar mayor, buscando armas. Se guiaban por un informe anónimo, decían. Siempre pensé que el allanamiento había sido ordenado para mí. Cuando mi hermano, apenas concluida la operación de requisa, me avisó telefónicamente que me preparara, tomé las Carpetas del Movimiento de Sacerdotes para el Tercer Mundo, cuya custodia había aceptado al disolverse el grupo, y las llevé al Jardín, en donde después de mojarlas abundantemente, las abandoné entre la basura. Los esperé hasta apuntar el día. No vinieron.

Hacia fines de Julio, se habían multiplicado las amenazas. En una reunión de comienzos de Agosto, el Gral. Menéndez con oficiales, se había quejado de mi permanencia en La Cripta. Alguien le objetó que obedeciendo sus órdenes, se había suspendido toda acción en las Parroquias sin avisar previamente al Arzobispado.

-¡Me c... en el Arzobispado y en todos los curas comunistas! A ese Mariani me lo borran apenas puedan!

Un informante llevó esta noticia al Arzobispado. A mí me llegó por otro conducto. Se determinó que debía ausentarme por un tiempo. Partí de Córdoba el día de la Asunción de María, mientras en la Catedral se ordenaba a Estanislao Karlic como Obispo. Mi destino, fue una localidad de Entre Ríos en donde contaba con amigos. Desde allí, por motivos de inquietud del Obispo, que no quería asuntos incómodos en su Diócesis, partí a Brasil en donde me ofrecieron hospedaje otros amigos. En Joao Pessoa tuve oportunidad de conocer al Obispo Pires, negro, inteligente y comprometido a fondo con el mundo de los pobres. También pude viajar a Recife, en donde fui a visitar a Mons. Helder Camara. Anunciaron nuestra visita. En el recinto de la Catedral, el Obispo estaba enseñando a chicos de la calle, castellano e inglés, para que pudieran desempeñarse como Guías de turismo. Los chicos aprendían con bastante facilidad y de memoria, lo que él les enseñaba, con gran capacidad histriónica, acerca de los principales lugares históricos de la ciudad. Una iniciativa muy interesante, que Helder Cámara llevaba adelante con dedicación y humildad.

Cuando llegó a la sencilla sala de recepción, no fue un personaje que recibía visitas. Se comportó como si él recibiera a personajes. Habló castellano perfecto, y volvió a explicarnos su tema preferido, la situación latinoamericana en relación con las resoluciones de la "Trilateral Commission". Así como era de pequeña y débil su figura, era grande y fuerte su estatura interior. ¡Eso es un santo del siglo XX! con la característica fundamental de ser ignorado en los ambientes eclesiásticos y despreciado por los católicos ortodoxos. ¡Ojalá lo tomen en cuenta las generaciones venideras, después de esta avalancha de canonizaciones devotas del siglo XXI!

En el costado, el hueco
de la raíz robada
Y las manos de alas
traspasadas de acero
Y en la frente horizontes
cercados con espinas
Y los pies prisioneros con grillos
de maderas estériles
y múltiples promesas analgésicas.
Sobre la Cruz del Sur siempre la misma
sigue crucificada mi América Latina.

(de *"Goteras de infinito"* poemas)

Treinta y siete

¡Basta de viajes! Había declarado clausuradas para siempre estos inopinados y prolongados retiros de mi espacio natural.

La promotora de una Empresa de viajes que se iniciaba, me tentó con una oferta. Viaje y estadía pagos para mí y tres personas más, si decidía ser asesor y acompañante en un viaje a Tierra Santa. Después de muchas dudas, acepté. El grupo de gente que se formó tenía como un motivo determinante mi compañía. Éramos 17 personas. Año 1999.

Como antes de todos mis viajes, tenía cierto escepticismo de que me resultara fructuoso en algún sentido. Visitar la tierra de Jesús, conociendo cuánto estaba armado para el turismo sin ningún fundamento histórico, y cuántas divergencias raciales y religiosas enrarecían el ambiente de la convivencia humana, podía resultar pérdida de tiempo o, peor aun, producirme una crisis parecida a la que me causó Roma.

Una gran heterogeneidad en el grupo, pero todos con mentalidad abierta. La experiencia fue extraordinariamente valiosa. Hospedados en un Hotel de Belén, a escasas cuadras de la basílica de la Natividad y atendidos por excelentes Guías, poco a poco, seleccionando la información con sentido crítico, nos fuimos adentrando en el clima del País de Jesús.

Aunque los lugares designados como monte de las Tentaciones, de la Transfiguración o de las Bienaventuranzas, no correspondieran a la narración bíblica, transitar por los desiertos de arena imaginando a Jesús caminando a tranco largo para no ser sorprendido por la noche; o navegar sobre el Kennereth, Tiberíades o Mar de Galilea, (a pesar de la molesta perorata de un pastor fundamentalista que se había adueñado del silencio y la situación); o llenarse los ojos de los paisajes que deleitaron a Jesús, muy parecidos a los actuales, en flora y fauna; o transitar las calles de Cafarnaún, la ciudad cosmopolita que lo hospedó con tanta frecuencia, con la réplica de la casa de Pedro junto al

- 159 -

"cardo mayor" y de la Sinagoga, construida por un pagano; o cantar en el anfiteatro de Cesarea con la voz amplificada hasta cada rincón por la exactitud acústica de la construcción en ruinas; o explorar Nazaret, llena de espacios en que Jesús niño jugaría con sus amigos y amigas... y muchas otros detalles parecidos a estos, producen en el corazón un estremecimiento que aproxima a la figura de ese personaje extraordinario, cuyas huellas marcaron de manera transitoria aquélla tierra, y de modo permanente la historia de la humanidad.

Palestina es el "sacramento" de Jesús, la expresión de toda la riqueza humana de su historia y de todo el misterio divino de su misión liberadora.

El Mar muerto, una inmensa extensión de agua salobre, con profundidad de 800mts. por debajo del nivel del Mar, que culmina la fisura volcánica del Jordán y encierra la leyenda de la destrucción de las ciudades impenitentes; el Monte desde cuya cima Moisés divisó la Tierra de promisión a la que no podría entrar, hacen retroceder la conciencia hacia una historia envejecida en los libros, pero palpitante en la geografía de los lugares en que se vivió

El monasterio de Qumram con los perímetros de sus piletas de abluciones, y las cuevas rocosas de los alrededores en que los esenios meditaban, consultando los textos de la Biblioteca del Monasterio, y en las que se encontraron los famosos "rollos del Mar Muerto", testimonio histórico de los Libros Sagrados de Israel... Las cosas se agolpaban en la mente sin dar tiempo para tomarles el sabor que hoy recuperan en el recuerdo meditado y reflexivo.

Mucha vigilancia y revisión en la frontera con Jordania. Era de adivinar lo que luego pasó. Muy pronto había de reavivarse la lucha árabe israelí que nos hubiera cortado toda posibilidad de realizar ese viaje. Y, de igual modo, tampoco tardó mucho en "fundirse" la Empresa " trucha" responsable del viaje, que nos había llevado hasta aquellas maravillas.

Estuvimos realmente al filo de que todo lo vivido en Tierra santa, no hubiera sido. Y esto nos lo hizo valorar doblemente.

La historia escrita con piedras, nos subyugó y nos aplastó en Petra, la ciudad ensangrentada como el color de sus rocas, por una turbia historia de ambiciones de poder y dinero.

Monumentos increíbles con tallado manual, imposibles de realizar actualmente, a pesar de todos los progresos técnicos y la prolongación del promedio de vida humana. Las reservas de la humanidad en lo espiritual y lo material se constatan entonces como maravillosas en ese testimonio de las construcciones y la historia.

Cuando, cediendo a una promoción turística, accedimos a sumergirnos en el Jordán, en el supuesto lugar del Bautismo de Jesús, aunque conociendo que no podía haber sucedido allí precisamente, este gesto se nos ocurrió un símbolo de lo que país de Jesús había dejado en nosotros. Un nuevo nacimiento.

La Misa celebrada sobre el césped del huerto de los Olivos a la sombra de un árbol bicentenario y a distancia de un "tiro de piedra" del monumento que recuerda la oración desesperada de Jesús, marcó como sello final, esta aventura con siembra de geografía y cosecha para la vida.

El grupo humano quedó ligado por vínculos muy profundos.

Cada saludo, cada reunión, desde entonces, pone en nuestras miradas y nuestros labios, la evocación de la luz y el calor de la Tierra de Jesús.

Y la aventura, es el puñal de la rutina

(de *"Enhebrando horizontes"*. Poemas y cuentos)

Treinta y ocho

En una vida que es lucha, los amigos se encuentran en los campos de batalla. Nico, Juan Manuel, Gustavo, Carlos, Julio, Víctor, Tata, Esteban, Juanjo, Antonio, Hugo, Marcelo, Buba, Goro, Fernando, Emilio

Los nombres no significarán mucho para los lectores. Son los integrantes del Grupo Sacerdotal Enrique Angelelli. Tengo otros amigos, sacerdotes y laicos. Amigos, no *"porque hay que cultivar la amistad sacerdotal"*, sino porque ser compañeros de lucha, profundiza el conocimiento y los ideales, y termina vinculando el corazón.

El deber de ser amigos entre los sacerdotes, no tiene sentido de amistad, sino de fortalecer un escudo defensivo de lo institucional. Muchas veces, además, se convierte en complicidad, de secretos, de silencios, de hipocresías. No puedo olvidar el testimonio de Mons. Carlos Audisio. Fue condenado por el tribunal eclesiástico cordobés como responsable del famoso robo a la Catedral de Córdoba, en que desaparecieron los más hermosos y valiosos vasos sagrados, así como toda la sillería del Cabildo de los canónigos que fue reemplazada por una imitación. Audisio conocía la realidad que complicaba seriamente al Arzobispo y, además, conoció la sentencia definitiva de Roma en el mismo sentido. Cuando se refería a este asunto solía decir :

-*¡Si yo hablara! Pero, por amor a la Iglesia, me callo.*

Esto estaba tan internalizado en nuestra formación, que seguramente él lo hacía de la mejor buena fe. Pero ¡que error tremendo! ocultar la suciedad para defender a la Institución! Murió llevándose su equivocado aunque heroico silencio de amor a la Iglesia.

Los amigos del grupo sacerdotal fueron y son la estructura externa de mi vida de luchador. Con ellos compartimos una visión crítica que nos permitió comprometernos primero, con el Movimiento de sacerdotes para el tercer mundo y luego con el Encuentro de Sacerdotes en la opción por los pobres. Con ellos nos sostuvimos en el aislamiento a que nos sometieron, desde la Jerarquía, desconociéndonos, durante muchos años. Con ellos vivió cada uno de nosotros sus crisis personales, comprendido y apoyado, en este espacio de soledades que es la institución eclesiástica. Con ellos nos fortalecimos en las épocas de persecución, sin abandonar nuestros principios. Con ellos sostuvimos la figura de Mons. Angelelli envuelta con la bandera del martirio. Un auténtico martirio del que fueron ejecutores dictadores que se presentaban como cristianos. Los que se atrevían a mostrar que leían "Camino" el libro de espiritualidad de Escrivá de Balaguer Los que, con el mayor descaro, comulgaban de manos del Papa o en el ambiente más familiar de la parroquia de Santa Teresita en Córdoba. Ellos lo mataron por "odio al amor".

Mártir también de esa iglesia a oficial que, ni lo defendió, ni admitió la causa de su muerte. ¡Cuántas veces escuchamos que *"el Pelao manejaba muy mal y era de esperar un accidente"*, ó que *"nunca se probó suficientemente que hubiera sido provocado ni que hubiera culpables"*! Diferentes argucias para ocultar el miedo, la cobardía o la complicidad con las dictaduras católicas, que por un lado privilegian a la Iglesia y por otro persiguen y matan.

Con ellos nos sostuvimos en nuestras denuncias defendiendo los intereses populares, nos hicimos presentes en diferentes manifestaciones, apoyamos todos los reclamos que juzgamos socialmente justos, compartimos cortes de ruta, y recordación de fechas históricamente liberadoras, profundizamos en la teología de la Liberación, desterrada de la enseñanza del Seminario de Córdoba, y estuvimos presentes, con alguna esperanza de que las cosas cambiaran, en los Consejos Presbiterales, elegidos por compañeros sacerdotes. Mi convencimiento, después de haber participado en 7 ocasiones, estableció que todo era inútil frente a la férrea aunque disimulada decisión de no cambiar más allá de lo superficial.

Para mí, la estructura del ministerio y los criterios pastorales, pudieron escapar de aquel molde del Seminario lauretano y tridentino, gracias a la profunda y amistosa vinculación con este Grupo sacerdotal espontáneo, con esos nombres y esas historias al lado de la mía. Fui creciendo en muchas libertades gracias a su sostén espiritual, intelectual, solidario, afectuoso y valiente. Creo que en este Grupo gestamos una manera diferente de vivir la Iglesia y en la Iglesia. No por capricho sino por inspiración y aliento del Vaticano II, Medellín y Puebla. Si esos documentos quedarán sepultados en una Iglesia restauracionista como la de los últimos tiempos de Juan Pablo II, nosotros quedaremos también sepultados e ignorados. Con la satisfacción, sin embargo, de haber vivido libres, convencidos y comprometidos con Cristo y el mensaje de su Evangelio.

Amigos porque hundimos la misma huella
persiguiendo obstinados la misma estrella.
Amigo, porque llevas en tu mochila
con tu vida, escondida la vida mía

(de *"Huella de la amistad"* del cancionero parroquial)

Treinta y nueve

"Ojalá". Era el nombre de un Café Concert que inauguraban unos amigos, justamente el 2 de Abril del 82, en la Plaza del Oso, situada a un costado de la ex Vélez Sársfield.

Malvinas cstaba en todas las bocas y en todas las preocupaciones. Yo había sido invitado para interpretar una o dos canciones. Elegí "Canción con todos" y "La tregua". Después de dos o tres números, se adelantó una joven con guitarra, acompañada por acordeón. Interpretó canciones litoraleñas. Recuerdo que la segunda fue "María va". Al concluir, me acerqué con otros, a saludarla y felicitarla. Cuando le daba la mano, me fijé en su rostro y casi me desvanezco. Era el rostro de B. Esperé un intervalo y me acerqué para felicitarla nuevamente y pedirle datos sobre Goya, de donde había dicho que procedía. Casi obtuve seguridad de que era la hija mayor de B, a que se había referido Laura en su carta. Me presenté como Padre Mariani. Se extrañó de encontrarme siendo sacerdote, en un Café Concert, pero no dio ninguna otra señal de haber escuchado mi nombre. La discreción de B había sido extrema. El beso de despedida me estremeció con lejanía de recuerdos. Allí recién terminaba para mí, una historia larga del corazón.

Yo había vuelto al país en Marzo del 78, cuando la proximidad del Mundial de fútbol había hecho que los militares disimularan la crueldad de la represión. Incluso todo pareció haber sido nada más que una pesadilla, cuando las calles se llenaron de banderas argentinas y gritos de triunfo con la obtención del Campeonato Mundial. El monstruo, sin embargo, estaba nada más que adormecido. Continuaron las desapariciones y la búsqueda infructuosa por parte de los familiares de las víctimas.

No es preciso cubrir la retirada
en este atardecer.
Basta dejar a un lado las alforjas
de estrellas apagadas
y renunciar al brillo no llegado
de las lejanas.
Recoger los rastrojos del recuerdo
convertirlos en llama
e iluminar el resto del camino
hacia el ocaso rojo.

(de *"Enhebrando horizontes"* poemas y cuentos)

Cuarenta

Extender la ola represiva hasta fuera del País fue la pretensión del Gobierno de Galtieri, representante de turno de la Junta Militar, conocido y ridiculizado por su afección a la bebida.

Para castigar y hacer desaparecer a los refugiados políticos que desacreditaban a la Argentina, se hicieron convenios con Méjico, Francia, España, Alemania... El resultado fue todo lo contrario.

La maniobra diplomática produjo una difusión mayor de lo que realmente sucedía, gracias a que los buscados y perseguidos "cantaban" y el periodismo comenzó a dar difusión a la tragedia argentina. La Junta tambaleaba, interior e internacionalmente. Surgió una idea luminosa. Una toma sorpresiva de Malvinas. Unos días antes del hecho, Plaza de Mayo se había llenado de obreros que reclamaban de la Junta un giro esencial de la política económica. La manifestación, por momentos agresiva e insultante, fue disuelta a bastonazos, balas de goma y tableteos de ametralladora. Las balas en serio fueron disparadas ¡como siempre!, por infiltrados de las izquierdas.

La noticia de la toma del Puerto malvinense, cambió absolutamente el panorama. Plaza de Mayo se llenó de argentinos fervorosos, aclamando la decisión de Galtieri de emprender una guerra con todo, continuando esa iniciativa de la toma por sorpresa. Estallaron en los corazones de los argentinos todas las nostalgias, las energías y el romanticismo de las Escuelas primarias que tanto insistieron en que "las Malvinas son argentinas". Pareció llegado el momento. Las noticias de los avances de las tropas y las excursiones heroicas de los aviones argentinos se divulgaban con extraordinaria rapidez. Ya estábamos venciendo. Un ingenuo capellancito, comprado para la propaganda, anunciaba que una vez más se comprobaba que Dios era argentino. Todo esto, claro, mientras Inglaterra no tuvo tiempo de mover sus tropas. Todas las burlas sobre el "principito" se fueron convirtiendo en asombro y lágrimas cuando supimos el hundimiento del Belgrano con trescientos de nuestros muchachos a bordo. Después de la "heroica" recorrida del canciller Costa Méndez que no sólo rengueaba de una pierna, sino del sentido común, asegurando que Estados Unidos no permitiría el reabastecimiento de los aviones ingleses, porque "esto es AMERICA" y el gesto simuladamente *fraternal*, de solicitar la ayuda de la República de Cuba, la verdad empezó a abrirse paso. Lo perdimos todo, de manera muy clara, en esta aventura. El Ejército, la Marina y la Aviación, mostraron disponer de muchos jóvenes conscriptos para mandarlos a la muerte, pero de muy pocos adiestrados para una verdadera batalla contra enemigos poderosos. Estaban preparados nada más que para reprimir hacia adentro, a ciudadanos indefensos, obedeciendo órdenes superiores.

Otra vez, un acontecimiento inesperado "pateó el tablero".

La indignación de las señoras bien, que habían entregado sus joyas para financiar la patriótica campaña, el pedido de cuentas por parte de los familiares de los soldados enviados directamente al matadero, el reclamo de los que contribuyeron con ropa y alimentos que quedaron atascados en los galpones del Sur, subió a un punto en que hasta el Episcopado Argentino creyó que era necesario recuperar la Democracia, y así lo expresó en un Documento al que se dio mucha importancia y publicidad.

En cuanto a mí, desde el comienzo estuve en contra de la guerra de Malvinas. Me di cuenta, casi intuitivamente, de que se trataba de una aventura suicida y proselitista de la Junta Militar. Sufrí mucho porque los más allegados me acusaban de derrotista. De nuevo, gente adicta a los militares se retiró indignada de mis homilías teñidas de realismo y rechazo de toda guerra. Cuando los resultados me dieron la razón, varios consideraron con más respeto mis opiniones, y yo mismo me atreví a realizar más frecuentemente análisis de la realidad, en base a acumulación de informaciones de toda índole y origen.

Desde mi llegada a la ciudad, había sido invitado a varios programas de radio y televisión. Creo que la motivación para que estas invitaciones se multiplicaran fue que por lo común, estuve dispuesto a aceptarlas y decir simplemente la verdad de lo que pensaba. Es muy frecuente que, frente a acontecimientos con cierta ambiguedad significativa, si se piden declaraciones a miembros de la iglesia, se muevan entre respuestas elípticas y temerosas, sin contestar directamente a lo que se pregunta. Prefieren, por lo demás, evitar la prensa y los periodistas. Son un peligro. Porque ¡descubren cada cosa!

Me fui convirtiendo, sin darme cuenta, en un referente de la iglesia en Córdoba en los medios de comunicación Es admirable cómo, en estos tiempos en que se difunde extraordinariamente todo lo superficial y liviano, comencé a experimentar fervientes y numerosas adhesiones a esos "micros" definidos con permanente sentido social y alusiones a la realidad. Durante el año 1992 fui invitado a hacer el cierre nocturno de la programación de Canal 10, integrado a los servicios de radio y televisión de la Universidad de Córdoba, con una breve reflexión de tan sólo dos minutos y medio.

Elegí el título "Evangelio y realidad" que significaba de algún modo mi afán de no mirar nunca el Evangelio sin abarcar en proyección, la realidad circundante.

Cuando en el 2002, una oferta muy jugosa de la denominada "iglesia universal", me desplazó del espacio inmediato al último noticiero, 864 firmas juntadas en unos días, obtuvieron la inmediata reposición.

Un programa radial de los domingos por la mañana "El discreto encanto de los galenos", me contó como columnista. Se trataba de un programa calificado como de humor, pero que exploraba con seriedad y espíritu crítico, todos los campos de la actividad humana. Allí iba también mi comentario evangélico semanal, sembrado de chispazos de humor de los integrantes del equipo y tratando de responder a la inquisición punzante del conductor, Dr. Raúl Jiménez, que tiene la virtud de traducir exactamente las inquietudes de la mayoría de la gente frente a lo religioso y lo cristiano.

A propósito de todo esto, en ningún rincón de Córdoba puedo pasar como desconocido. Y resulta una hermosa compensación, frente a manifestaciones muy indignadas de condenación de mis expresiones y juicios, una avalancha de aprobación, simpatía y agradecimiento que me llega por diversos conductos, ininterrumpidamente.

Del año 80, datan mis veleidades poéticas. Una profesora de literatura y un abogado y sociólogo me instaron a publicar mis escritos. Los recogí perdidos en carpetas, cuadernos y hojas sueltas entre los cajones de mi Escritorio y, en los meses de vacación tipié a mano, mi primer libro "Poemas de tiempo y sal". Después fueron apareciendo otros cinco, hasta el último "Poemas de confesión y denuncia" en el que comencé a recopilar mis experiencias de vida. Se cumplían entonces mis 50 años de ordenación sacerdotal. Fue la chispa que me inquietó para que comenzara, tendiendo la mano a mis amigos y a la historia, a escribir estas memorias de reencuentro conmigo mismo.

Las cosas que me duelen
se me hacen poesía sin querer
y es creo porque hieren
la parte más profunda de mi ser.

Con el dolor el tiempo se detiene
amasando el presente y el ayer.
desde la herida estalla una vertiente
que mana sin poderse detener.

En los ayes que ahoga la alegría
también lucha la vida por crecer
y en un parto de llanto y de sorpresa
el ocaso se vuelve amanecer

(de *"Poemas de confesión y denuncia"*)

Cuarenta y uno

Santiago Weeks era un sacerdote misionero de La Sallete, formador de jóvenes que habían elegido el camino del sacerdocio. La casa de formación estaba situada en una esquina entre Avda. Claret y Bvard Los Alemanes. Muy al descubierto entonces. Una galería daba a la calle y en ella los seminaristas se entrenaban en gimnasia y boxeo. Santiago se especializaba en recoger mendigos y gente sin techo. Dos de esos seminaristas trabajaban conmigo en Villa Lourdes. En una reunión de planeamiento de esos trabajos pastorales celebrábamos también mi cumpleaños. Eran apenas 50, y ellos hacían bromas sobre mi "vejez". Con tono desafiante seguí la broma, diciéndoles, *"a ver si Uds. llegan, porque en el fondo, llegar es lo importante"*.

Cuatro días después, estuvieron a un paso de *no llegar*.

Brutal allanamiento a la casa de formación. Atados y amordazados Santiago y los seminaristas, con los ojos vendados fueron secuestrados en medio de la noche. Con insultos, los matones les gritaban las acusaciones de guerrilleros, comunistas, pervertidores de jóvenes. En la casa estaba casualmente y de paso, una ex religiosa de la misma Congregación. La amordazaron y la dejaron en una habitación, amenazada de muerte si se atrevía a salir antes de un determinado tiempo. Cuando cesaron los ruidos, ella se libró de las ataduras y salió corriendo hacia Villa Claret, residencia cercana de otra Congregación religiosa, a comunicar lo ocurrido.

Allí se movieron rápidamente. Comunicación telefónica con el Arzobispado, el capellán de Aeronáutica, el Consulado y Embajada norteamericana. A la mañana siguiente, los diarios traían la noticia del procedimiento, con la queja del Consulado Norteamericano de la represión sufrida por un ciudadano yanqui, Santiago Weeks. El Ministerio del Interior, con el inefable Harguindeguy, ignoraba el hecho y lo negaba. La rapidez de estas acciones salvó a los cuatro de la muerte. Aparecieron finalmente ese mismo día como prisioneros en el Cabildo. La acusación contra Santiago, establecía que en sus viajes a países vecinos contrataba guerrilleros, a quienes entrenaba en la supuesta casa de formación. El destino original, de acuerdo a la orden del Gral Menéndez, era terminar con ellos esa misma noche. Los salvó el coraje de una mujer. Después supe que las preguntas más insistentes fueron sobre mi persona y el por qué frecuentaba tanto esa casa. Lo mismo me habían contado otros detenidos. Después de un largo período de encarcelamiento con las peores torturas psíquicas, los Superiores de la Congregación lograron la liberación de todos. Dos de aquellos muchachos se ordenaron de sacerdotes. Santiago emigró inmediatamente a los EE.UU. y se encargó allí, integrando la Comisión Senatorial de Justicia y Paz, de difundir y reclamar por la conducta descaradamente violatoria de todos los derechos humanos, por parte de los militares argentinos.- Esto contribuyó de forma muy importante al descrédito del Gobierno en el exterior. La iglesia, oficialmente, seguía en silencio.

Libres para vivir sin que te roben
el pan de tu jornal
libres para dormir sin el temor constante
de que tiren tu puerta fusil y credencial
y libres para amar, buceando en la justicia
para encontrar el fruto de la paz.

(de *"Poemas de tiempo y sal"*)

Cuarenta y dos

"Neurosis esquizofrénica originada posiblemente en una seve-
ra represión sexual"
El síntoma había consistido en un agresivo intento de abrazo y
posesión del torso de una enferma internada en el Hospital, al
que él extendía su ministerio sacerdotal. Compañero de Seminario, un ángel. Nunca una palabra o actitud maliciosa. Nunca
un cuento con doble intención. Al cumplir los 25 años de ordenación nos encontramos, con pocas coincidencias en nuestros pensamientos y proceder. En su reserva detallista para no
participar de conversaciones con alguna malicia, permanecía el
mismo. No mucho tiempo después me enteré de la noticia de
su internación en un Neuropsiquiátrico, con el diagnóstico con
que he comenzado este capítulo.

-¿Vamos a tomar algo hasta que lleguen los otros?
Eran aproximadamente las 8. Habíamos llegado temprano a la
cita de encuentro en Carlos Paz, los compañeros de curso.
Cumplíamos bodas de plata sacerdotales. Fuimos con Raúl a
un bar cercano. Pedí un café. El pidió wisky. Me llamó la atención a esa hora tan temprana. Tiempo después me enteré de
que sus feligreses más cercanos estaban preocupados por su
adicción a la bebida que, en oportunidades le quitaba lucidez.
El alcohol también calma soledades. Falleció de un ataque
cardíaco.

Inteligente, rápido, de memoria asombrosa, se unió a nosotros
en los últimos años de Seminario. Fue párroco diligente. No
gozaba de mucha salud y eso fue quizás lo que le jugó la mala
pasada de que tuviera una descompostura fatal, mientras visitaba a una señora que muchos señalaban como compañera
afectivamente muy comprometida con él.

Escándalo en el pueblo. Después... silencio.

"Promoveatur ut amoveatur" Ascendámoslo para sacarlo. Fue la política seguida con otro compañero, al que habían comprometido las denuncias de algunos seminaristas sobre búsqueda de relaciones cariñosas con ellos. Lo llevaron a un puesto más alto.

Fueron mis compañeros y amigos de juventud. Son historias dolorosas, y ojalá pudieran tenerse en cuenta para producir muchos cambios. No puedo dejar de señalar que, en su ministerio sacerdotal se brindaron generosamente y con gran eficacia y que las circunstancias apuntadas no arrojan sombras en su buena voluntad ni en su vocación de servicio. Sólo que es muy arduo evitar el impacto de una estructura que muchas veces resulta deshumanizante. Por encima de toda acusación, mi relato quiere buscar una explicación de que siendo heroicamente generosos en su entrega, no llegaron a superar estas exigencias desmedidas.

Algunos intentos de cambio se adivinan hoy, aunque no los suficientes. Si hay renuncia al ejercicio de la sexualidad, ha de ser voluntario y motivado muy seriamente. La simple represión, aun con las mejores apariencias de resultados logrados, siempre desborda, reventando por donde no debe. Los escapes habituales son el afán del dinero, la bebida, el poder, o el resentimiento que torna inaguantables en la severidad del juicio sobre los demás. Es como si acusar a otro con severidad, produjera entonces una justificación de nosotros mismos

Irrumpe ahora en mi memoria un testimonio ejemplar. El de Mons. Gustavo Franceschi, un adelantando para aquellos años 50, fundador y director de la revista Criterio, que marcó rumbos exactos desde el punto de vista cristiano para analizar e interpretar los acontecimientos de su tiempo. Precisamente por eso, fue marginado por el Vaticano. Sus juicios eran demasiado duros para los políticos influyentes de la época y, por lo tanto, también para la jerarquía eclesiástica comprometida con aquellos. La "terna" presentada , respetando el Concordato vigente, para la nominación de Obispos, debía ser aprobada por el Senado y con frecuencia no entraban en ellas quienes no resultaban aceptables a los políticos de turno. Viejas mañas renovadas hoy, con distintas estrategias.

En una conversación íntima con nosotros, jóvenes sacerdotes que lo venerábamos, nos confesó. *"Al encontrarme solo, en el rechazo de la Iglesia como consecuencia de lo político, no supe hacia dónde orientar mi vida. Mi alternativa primera fue la mujer, su refugio afectivo y sexual. Juro que no toqué a ninguna. Pero, añadió enseguida, cedí a esto (y señalaba un vaso de vino)"*

Sobre flores marchitas
en caminos de carne blanda y blanca
los gusanos transitan.

Y me crece el deseo
de levantar de nuevo
barreras de azucenas.

Los miro deslizarse
y . . . los gusanos vuelan.
Se han hecho mariposas.

(de *"Poemas de tiempo y sal"*)

Cuarenta y tres

Muchas otras figuras sacerdotales dejaron huellas en mi vida. Desde esas huellas nacen muchas de las características de mi personalidad. Por activa o por pasiva, por admiración, sorpresa o rechazo, entraron en mi historia y marcaron caminos.

Entre los que fueron mis superiores de Seminario, destaco una figura, la del Pbro. Severo Reynoso Sánchez. El único que me hizo amar el estudio y gozar con la creatividad. Poeta, amante de la naturaleza, cultor de la libertad y respetuoso de ella, con gran sensibilidad musical y artística en general, estrechamente vinculado a su familia, capaz de hacerse sentir como amigo.

El Dr. Raimundo Martínez, con una orientación absolutamente tradicional, pero con extraordinario aprecio de los valores humanos y un gran sentido común, fue mi director espiritual y se propuso con todo, a pesar de mis temores y dudas, que acabara ordenándome de sacerdote. Conservé durante muchos años un escrito suyo en que detalladamente respondía a todas mis dudas que me había pedido también expresar por escrito. Era muy notable entre sus argumentos, la desvalorización de la mujer y del matrimonio.

Descalifico a otros, porque ahora puedo valorar criteriosamente ciertas conductas, descubriendo en varios de ellos, acosos y abusos , desde una sexualidad mal enfocada, o desde un autoritarismo destructor. Otros, finalmente, creo que difícilmente podían considerarse seres humanos. El molde los había petrificado y no eran más que una disciplina vivida e impuesta, sin otra perspectiva ni aliento.

Pedro Gottardi, en cambio, el impulsivo gordo que me pidió como ayudante suyo en la Parroquia de Villa María, fue figura señera De él aprendí a estar actualizado en los sucesos del orden temporal y eclesiástico, a preparar conscientemente la predicación dominical, por respeto a los fieles a quienes –cosa rara en ese tiempo- no consideraba como niños sino como adultos. A vivir con austeridad personal, al mismo tiempo que respetar y alentar la felicidad de los demás.

Todos ellos quedaron como parte de una historia que dejé atrás.

Todos ellos, con sus grandes dotes y buena voluntad eran frutos "tridentinos", del Gran Concilio de mitad del siglo XVI, restaurador de la disciplina eclesiástica. Mi evolución o revolución sacerdotal se alimentó en las fuentes del Vaticano II.

Un amigo del alma fue Miguel Inolfo Quinteros, mi compañero de ministerio en Río Ceballos. La sensibilidad humana, la dedicación responsable y creativa al ministerio, la valentía para avanzar en la línea de sus convencimientos, la lealtad en la amistad, la capacidad de intercambiar confidencias que él creaba gracias a su confianza en el otro, y muchas otras pequeñas virtudes humanas, lo hicieron mi gran compañero de camino.

Después, cuando ya en Córdoba, sin pensarlo casi, me encontré envuelto en luchas, oportunidades y desafíos, que me fueron exigiendo definiciones muy claras y tajantes, hubo otras figuras que marcaron rumbos. José Gaido con su claridad de pensamiento teológico bebido de la cátedra de Karl Rahner en Insbruck, Erio Vaudagna estudioso filósofo y atrevido pastoralista por su contacto con la realidad. Nelson Dellaferrera, canonista e historiador que acompañó pacientemente mis primeros pasos en una visión nueva del cristianismo y la Iglesia, en mi visita a Roma.

También ellos quedaron en otra etapa que hoy sólo es recuerdo y los encuentra en distintas posiciones y actividades.

Los amigos definitivos, en esta etapa de luchas y afirmación o abandono de principios y lealtades, son los integrantes del grupo sacerdotal Enrique Angelelli. Amigos de esos de los que uno puede escucharlo y comprenderlo todo, porque sabe que a su vez será comprendido. De esos que, con un grito, ya están cerca. De esos que hacen sólido el pensamiento y los criterios acompañándolos con sus propios pensamientos y experiencias. De esos que, en las trincheras, siempre son capaces de curar una herida, de comprender una debilidad, de forzar una sonrisa y hasta de ayudar a morir contentos.

El Seminario de nuestro tiempo quería formar hombres solitarios, sin amigos que comprometieran. Así formó muchas veces hombres sedientos de poder, de prestigio personal, llenos de resentimientos. Yo creo que me desquité de todas aquellas pretensiones y encajé definitivamente mi vida en la compañía, la amistad, la solidaridad y los afectos.

Por eso, algunas veces me halaga escuchar ese *"¡qué humano es Ud!"*, como si para un cura, esto constituyera el sumo de la alabanza.

Vivimos aún dos integrantes de aquel curso que comenzó el Seminario en 1940 y que sólo volvimos a encontrarnos en ocasión de los veinticinco año de ordenación

Estoy sembrado de recuerdos titilantes
Un presente afiebrado me transita las venas, implacable.

El cansancio, un fantasma que me aprieta
el desencanto, noche que me acecha.

Siento el fuego y la fiebre en mis entrañas exigiendo.
Estoy de pie, la frente alzada el corazón abierto
y las manos rasgando la mañana.

(de *"Goteras de infinito"* poemas)

Cuarenta y cuatro

Una madre en su lecho de moribunda, siendo yo sacerdote muy joven, me encomendó especialmente a su hijo menor. Le prometí ocuparme de él. Tras muchos años, él me buscó. Había formado un hogar, con hijos y había concluido separándose. Formó una nueva pareja. De profunda tradición católica, fue a consultar a un sacerdote sobre la posibilidad de participar de la Eucaristía, que resultaba para él una expresión indispensable para el sostenimiento de su fe. El sacerdote indicó que sólo si se comprometía a vivir con su pareja como hermano, podría participar de la comunión. Lo prometió así. Después de un tiempo, esto le pareció imposible Entonces vino a consultarme, conocedor de que me habían trasladado de Río Ceballos a Córdoba. Le indiqué que el intento de vivir como hermanos amándose como esposos, era antinatural y pernicioso. Pareció convencido. Vivió un tiempo relaciones normales con su pareja, pero luego volvió al escrúpulo de estar violando la ley eclesiástica. El sacerdote cuyo consejo había seguido en primera instancia, le reiteró con firmeza, la condición de convertir en relación fraternal la relación de pareja. Trató de hacerlo. Terminó internado en un Neuropsiquiátrico. La última vez que lo encontré hacía terapia ambulatoria. Absolutamente arruinado como profesional, como persona y, por supuesto, como cristiano.

Otro relato está referido a un sacerdote mucho más joven que yo. Obediente y sumiso en absoluto a todas las normas eclesiásticas. Alcanzó por eso importantes puestos. Contrajo SIDA. No por transfusión, como se pretendió indicar, sino como consecuencia de trato sexual indiscriminado con "taxi boys". Al no obtener las gratificaciones prometidas, un grupo de estos lo agredió en su casa, robándole dinero y automóvil. Lo abandonaron maniatado en el baño y amordazado con un calzoncillo. Después murió víctima del HIV.

Dos casos aleccionadores.

Todas estas experiencias que me rozaron de muy cerca, no pudieron quedar escondidas o ignoradas ni para mí ni para quienes son responsables del gobierno pastoral de la Iglesia. Pero sólo quedan registradas en Archivos secretos.

Mi conclusión de las experiencias compartidas, me lleva a pensar que si se absolutiza cualquier dimensión, así sea la más sagrada, por encima de la humana, el resultado es terrible. Y esto, es una propuesta fundamentalmente cristiana. *"Ni siquiera el Sábado está sobre el hombre."*

Que estalle en la mejilla de los miedos
la cachetada leal de la palabra.
que los arados abran las heridas
para que sangren bienaventuranzas.

(de "En carne viva" poemas)

Cuarenta y cinco

-*"Quiero que me busques un muchacho seminarista que ya esté cerca de ser cura, para pagarle la carrera y así, cuando yo me muera, haya quien rece por mí"*. Así le comentaba Dña. Justa Alvarez de Luque a su hermano Luis canónigo del Cabildo Eclesiástico Metropolitano. El viejito simpático fue con su renguera, a buscar el candidato para que su hermana hiciera esta inversión con rédito sobrenatural. Se le ocurrió empezar por la división de los ingresantes más pequeños. Entre cuentos y cuentos que escuchábamos sentados a su alrededor, no sé por qué, me escogió. Como otros dos compañeros, tenía a mi favor ser oriundo de Villa del Rosario, pueblo de origen de su familia. Le costó convencer a Dña. Justa de que yo era un candidato seguro.

-*"No quiero un chico, por más bueno que te parezca. Llegan a grandes y les gusta más casarse y todo lo que haya gastado, no va a servir para nada. No quiero así. Traéme uno mucho más grande al que le falte poco para terminar"*.

Don Luis, sin embargo insistió y logró que me aceptara como ahijado.

Trescientos pesos, del año 1940, era el costo de la pensión anual de un seminarista. Mis padres no podían pagarlo. Como "maestro de pala" en la Panadería de mi abuelo, papá ganaba $40 mensuales, con dedicación completa. El alquiler consumía la mitad y con el resto, merced a los ingeniosos manejos de mi madre, comía y se vestía la familia. Sólo cuando mayor, supe por qué, desde mi nacimiento hasta mi entrada al Seminario, habíamos vivido en 9 casas distintas. Llegaba un momento en que papá no podía pagar el alquiler y se autodesalojaba. Siempre me pareció divertido esto de ir a vivir a una casa nueva Los muebles y la pobreza nos acompañaban, pero cambiaba el entorno.

En el Seminario, además de pagar la pensión, mi madrina pedía que tres veces al año fuera a tomar el té con ella a su casona de Ayacucho 72. Allí me obsequiaba, para mis gastos, unos pesitos. Y cuando a fin de año, mis exámenes eran calificados con la nota máxima y obtenía la medalla del "Summa cum laude", ella, al lado de mamá se ponía de pie, para prendérmela, a la vista de todos. En esos casos y, para las vacaciones, el obsequio era de $50. Un capital

Hoy vuelan mis palomas
y son pan mis espigas
y mis pasos reviven otros pasos
y mis semillas mueren a la vida

Porque tú, muchos rostros, muchos otros
abrieron mi silencio hacia el nosotros.

(de *"Poemas de tiempo y sal"*)

Cuarenta y seis

Salto ahora a mis 23 años. Ya estaba próxima mi ordenación sacerdotal. En mi mente cosquilleaba la idea de pedir dispensa de mi compromiso de sub-diácono, para no llegar al día de la solemne celebración definitiva.

Una carta de mi hermana, alumna de un Colegio de religiosas, me llegaba con esta consulta que ahondaba en mi problema. *"Las Hermanas del Colegio, me insisten en que debo pensar en mi vocación religiosa, ya que mis dos hermanos van a ser sacerdotes. ¿qué opinas?"*

No tardé dos minutos en tomar la pluma (no era tiempo de bolígrafos sino de "lapiceras fuente") y responder. *"De ninguna manera. Vos tenés que casarte, para darme sobrinos que yo pueda gozar como hijos."*

Sucedió así realmente. Mis vínculos familiares han sido siempre tan estrechos y gratificantes que los considero como los más influyentes en mi sentido de felicidad. El contacto frecuente con mis sobrinos y sus hijos, envolvió de ternuras muchas etapas de mi vida, y me mantuvo constantemente atado a la realidad en cambio permanente.

Por lo demás, mi hogar fue siempre un nido cálido. Estructurado al estilo de ese tiempo, mi padre fue el jefe. Mi madre, acostumbrada al trabajo sin descanso, nos atendió con absoluta delicadeza en medio de la pobreza. La partida al Seminario, a los once años, y el contacto con la familia, reducido a cinco veces durante el año, no disminuyeron la intensidad de mis vínculos, sino todo lo contrario. De modo especial, con mi madre, que fue constituyéndose en la gran compañera y sostén de todas mis luchas e ideales. Soportó así las incertidumbres de mi situación, muchas veces en conflicto con las autoridades, y la de mi hermano sacerdote que, en los tiempos difíciles debió sufrir diversas persecuciones y atentados.

Cuando debí ocultarme alejándome de mi residencia habitual, ella mostró fortaleza y fue sostén para el resto de la familia. Nos confesaba que, cuando decidimos nuestra entrada al Seminario, ella se consolaba de nuestra ausencia, pensando que algún día, como sacerdotes, estaríamos alejados de todos los riesgos de este azaroso mundo. Muy pronto, desde aquella noche del allanamiento de Villa María, supo que la vida de un cura comprometido con la realidad, estaba más en riesgo que la de cualquier profesional sin presión interior y evangélica para entregarse a los demás.

Juan Carlos, el menor de los hermanos, regalo imprevisto de la vida para el hogar de mis padres que, dada la diferencia de edad, fue confiado durante mucho tiempo a mi custodia, además de la gratificación afectiva de su proximidad me hizo vivir de cerca las particularidades de la adolescencia, constituyendo para mí una invalorable experiencia.

Tito, Carlos y Carlitos fueron tres seminaristas que, deseando una experiencia fuera del Seminario, quisieron vivir conmigo en la Casa parroquial de La Tablada. La familia de Carlitos, desde R. Ceballos había aceptado acompañarme con su servicio y contención. Ninguno volvió al Seminario. Carlos arquitecto y Carlitos psicólogo, realizaron su vida y su familia. Tito desapareció. Su visión de la necesidad de cambio en la sociedad lo había comprometido con grupos de jóvenes que buscaban constantemente espacios de justicia. Durante los años del Gobierno de Obregón Cano había aceptado la responsabilidad de descubrir y defender a las víctimas de loteos fraudulentos. Seguramente tocó intereses muy fuertes. Lo desaparecieron. Y quedó esa herida en el corazón de sus padres y en el mío que había alentado sus nobles ideales.

Otros jóvenes habitaron en mi compañía. Unos, buscando asilo. Otros, optando por una independencia familiar. No sé si por esta circunstancia, nunca experimenté la soledad sacerdotal como vacío. No dudo también de que su presencia próxima me exigió un testimonio de vida al que me sentí obligado a responder. Andando el tiempo, me agradecieron esos períodos de convivencia, en que más que nada respeté su libertad de decisiones , a pesar de no coincidir con lo que yo consideraba lo mejor. Sólo uno o dos eran católicos de Misa y sacramentos.

No quiero dejar de relatar, porque me impresionó, el final de un encuentro muy especial.

Un 25 de mayo, en Río Ceballos, estaba trepado en una escalera muy alta, colocando unas largas banderas para adaptar el Templo a la celebración del Te Deum. Desde abajo un joven me dice:

- Padre, ¿quiere que le ayude?

En realidad yo necesitaba ayuda. Estaba haciendo un equilibrio demasiado peligroso entre la escalera y una saliente de la cornisa. Cuando concluimos el trabajo, me confesó que no tenía hogar, que vagabundeaba buscando techo y comida. Lo invité a quedarse conmigo. Almorzábamos en ese tiempo en la Casa de las Hmnas. terciarias Franciscanas que, generosamente, me habían ofrecido este servicio. El muchacho se instaló en mi casa, buscó diversos trabajos para subsistir, además de ayudarme en cosas de mantenimiento. En septiembre, me dijo un día que había decidido marcharse. El motivo fue que no le agradaba la comida de la casa religiosa. Partió. Me quedé solamente con su nombre. A los tres años, una Comisión policial con un oficial de Aeronáutica se presentaron en casa a requerir datos sobre él, acerca del tiempo de su estadía y otros detalles de su persona. Estaba prófugo de la justicia. Era desertor de Aeronáutica y se había especializado en hacer robos, con distintos cuentos, en casas de "curas y monjas". A mí, no me faltó absolutamente nada. ¿Por qué? Fue la pregunta que me quedó flotando.

Quizás si hubiera más manos tendidas, habría menos puños levantados y menos dedos alargados.

Libertad!
Yo me arropo con tu abrigo.
Te defiendo, con temor de que sucumbas
a mis propias catacumbas.
Me revuelco en las espumas de tu baño
que me limpia los harapos del rebaño
y me viste con la inédita frescura
de sentir y de saber que soy persona.

(de *"Goteras de infinito"* poemas)

Cuarenta y siete

El ministerio sacerdotal me puso muchas veces al lado de la muerte. No de la muerte que es abstracta. Los que existen, en concreto, son los muertos, cada muerto.

La estadística se me hace imposible, porque todos ocupan un espacio inconmensurable en la misteriosa profundidad del sentimiento. ¡Me parecen tantos! Pero nunca logré acostumbrarme a vivir esa situación sin involucrarme. Sin embargo, la circunstancia de haber estado junto a padres que perdieron sus hijos, me impactó de forma incomparable. No creo que haya mayor tragedia. Si toda separación de los seres queridos importa una especie de mutilación, ésta afecta a todos los órganos, a toda la vida.

Bebés alrededor de los dos años, ahogados en piletas de natación, en un instante en que la vigilancia no pudo ser absoluta. Jóvenes arrebatados por un accidente de tránsito, por lo general de motocicleta. Amigos niños y jóvenes con una larga historia de resistencia y de esperanza, vencidos finalmente por el cáncer. No sé cuántos. Son rostros e historias que brotan a borbotones en los recuerdos del corazón, resaltando periódicamente algunos con características actualizadas por hechos inmediatos.

Cuando, esperando que mi presencia consuele o responda las preguntas incontestables del dolor de los padres, vienen a buscarme, quisiera siempre que me tragara la tierra.

He estado al lado de un padre que se había encerrado en su cuarto con una pistola, ante la muerte de su hijo. No sé cómo, pero renunció al intento suicida y encaminó su desesperación por otros rumbos. He estado junto a quien en un ataque desesperado desequilibró los sostenes del féretro que cayó al suelo con el cuerpo que desnudó todas las heridas del accidente.

He recibido la protesta y hasta la blasfemia de quienes al verme entrar a la sala mortuoria, pensaba que yo también era culpable como *"representante de Dios"* de la injusticia que estaban viviendo. En todos los casos, quedé ligado al núcleo familiar, como un referente de recuperación, con una amistad de mucho tiempo. Después de la Misa de Nochebuena acostumbraba visitar a las familias que se habían relacionado conmigo a través de esos momentos desesperados. Me recibían como si estuviera remediando el vacío de la ausencia. Recuerdo que en un año, esas visitas fueron seis. *¿Qué hice?*- me preguntaba a mí mismo- *para lograr esas reacciones?*

Y mi respuesta es: *Nada importante. Estar, comprender y conmoverme con ellos.*

Algunos me preguntaban ¿qué les dijiste? ¿Cómo les explicaste? ¿Les dijiste que hay otra vida, que tengan fe? ¿Les hablaste de que ¿qué Dios lo llevó para que no sufriera, para que se salvara de las atrocidades de este mundo?

No! No les dije nada. Sólo estuve junto a ellos. Creo que el dolor no admite razonamientos ni reproches. Sólo puede admitir, como mezquina muleta, la comprensión. A lo más, alguna vez me atreví a insinuar que recogieran todo lo lindo que les dejó el o la que partía y lo hicieran vivir con ellos. Que, en lugar de morirse juntos, se contagiaran con su vida.

He acompañado en muchos casos a enfermos terminales, compartiendo sus miedos, sus incertidumbres, sus esperanzas. He respetado siempre y valorizado lo que fue la actitud de sus vidas, sin preocuparme por "encajarles" uno u otro Sacramento. Devolverles el panorama de todo lo beneficioso y fecundo que realizaron es, creo, asumir su historia como la mira el mismo Dios, quien como Padre explora en lo mejor de cada hijo.

Con frecuencia, cuando después de mi conversación privada, abandono la habitación del enfermo, no falta quien con mucha preocupación me pregunta:- *¿Lo confesó Padre?*

-*Dios es quien evalúa los méritos y perdona los errores.* Contesto. Y la ambigüedad de la respuesta, suele dejar satisfechos.

No quiero escandalizar afirmando que ni le he hablado de confesión o reconciliación, sino que he escuchado su comunicación y he tratado de alentarlo en la lucha y en la seguridad si es creyente, de que Dios es el testigo más bondadoso de sus sufrimientos y buena voluntad.

No he logrado habituarme a estas situaciones de modo que pueda evitar la conmoción interior, como otros me cuentan que lo hicieron. Cada caso me lastima y me exige. La pobreza que es la enfermedad y el desgaste corporal y psíquico, es de las que más afectan en su reclamo de ayuda.

Lo que sí he cosechado en mi favor, es una constatación de que en cada uno se esconden fuerzas imprevistas para afrontar los momentos y sufrimientos más críticos.

Quiero quitar los picos de la estrella
redondeando su luz con la caricia
y descubrir la súplica que el tímido
oculta en apariencias agresivas.

Quiero arrancar la espada del soldado
para palpar su corazón de carne
Quiero olvidar la espina de la rosa
y hacerla palpitante con mi sangre

Y después...descansar porque he servido
para un pequeño amanecer de olivo.

(de *"En carne viva"* poemas)

No quiero escandalizar afirmando que ni le he hablado de confesión o reconciliación, sino que he escuchado su comunicación y he tratado de alentarlo en la lucha y en la seguridad si es
creyente, de que Dios es el testigo más bondadoso de sus sufrimientos y buena voluntad.
No he logrado habituarme a estas situaciones de modo que
pueda evitar la conmoción interior, como otros me cuentan que
lo hicieron. Cada caso me lastima y me exige. La pobreza que
es la enfermedad y el desgaste corporal y psíquico, es de los
que más afectan en su reclamo de ayuda.
Lo que sí he cosechado en mi favor, es una constatación de que
en cada uno se esconden fuerzas imprevistas para afrontar los
momentos y sufrimientos más críticos.

Quiero quitar los picos de la estrella
redondeando su luz con la caricia
y descubrir la súplica que el tímido
oculta en apariencias agresivas.

Quiero arrancar la espada del soldado
para palpar su corazón de carne
Quiero olvidar la espina de la rosa
y hacerla palpitante con mi sangre

Y después... descansar porque he servido
para un pequeño amanecer de olivo.

(de: "En carne viva", poemas)

Cuarenta y ocho

-Pienso que Ud. puede haber conocido a mi padre.
Estábamos en Ejército Argentino y Sagrada Familia, convocados por la hermana y la mamá de Carlos Lajas quien junto
con otros tres compañeros habían sido asesinados en esa
esquina, el 15 de diciembre del 77 en uno de los operativos
llamados "ventilador", porque sacaban a los prisioneros de
un lugar clandestino de detención, los llevaban a ventilarse,
los abandonaban en un automóvil y, simulando un enfrentamiento, los fusilaban.
Éramos un grupo pequeño. Un antropólogo integrante del
Equipo forense que trabajaba en la identificación de cadáveres
de las fosas comunes de tiempos de la Dictadura, familiares de
los cuatro víctimas, representantes de la asociación "Hijos" de
desaparecidos o muertos por la represión, y otros integrantes de
organizaciones de defensa de derechos humanos. Yo había sido
invitado para hacer una oración en una breve liturgia de la Palabra. Mientras esperábamos, un joven de unos 28 años se acer-
có y me formuló delicadamente la posibilidad de un vínculo
familiar.- *Pienso que Ud. puede haber conocido a mi padre.*
Inmediata y ansiosamente pregunté:
-¿Tu apellido?
- Yornet
Sentí un viboreo intenso y horizontal a nivel del pecho. Per-
dí el dominio.
-Hijo de Tito?! deletreé.
- Sí, de Roberto Yornet
Me sentí temblar como una cuerda pulsada por descuido en
el silencio. Bajé la cabeza. Estaba llorando. Me ardían los
ojos con lágrimas antiguas. No tenía noción del tiempo ni de
la realidad. Estaba abrazando y besando a aquel muchacho.
Para mí era Tito! Un poco recuperado, lo miré. Sonreía
levemente. No había conmoción en sus ojos. Tito era más

mío que suyo ¡El tenía sólo dos años cuando a su padre lo secuestraron convirtiéndolo en desaparecido!

Mi pensamiento y mis miradas quedaron fijas en Marcelo. No atiné a preguntarle nada más. Me explicó que estaba casado y con cuatro hijos. No salía de mi confusión. Cuando llegó el momento realicé mi celebración de la Palabra que había preparado cuidadosamente. Después me abracé con todos, en esa comunicación que hace, sin palabras, solidarios en el dolor. Saludé y me fui. Sólo en el camino, conduciendo mi automóvil comencé a razonar. Marcelo era el hijo, no Tito mismo. Yo ni siquiera había preguntado por su madre, ni por su domicilio, ni por quién era su esposa.

Decidí entonces pedir ayuda para mis recuerdos a los dos Carlos que, dejando el Seminario habían venido a vivir a mi casa con Tito hacia el año 68. Recordé cuando sus padres, muy orgullosos con su hijo seminarista, viajaron desde San Juan, para pedirme explicaciones de por qué Tito había dejado el Seminario. Yo los tranquilicé. Se trataba de una decisión razonada y sincera. Tito era un gran muchacho transparente y comprometido. Delante de Dios había tomado el mejor camino. No muy convencidos pero resignados a admitir la decisión de su hijo, regresaron a su hogar.

Después del cordobazo y los acontecimientos políticos de esos años, Tito orientó su compromiso social a luchar por defender los derechos de los compradores en loteos fraudulentos que habiendo perdido su dinero, tampoco tenían acceso a la propiedad adquirida. Se trataba de una oficina especial durante el gobierno de Obregón Cano. Fue metiéndose más intensamente en la defensa de la dignidad y los derechos de los más humildes. Esto era el norte de su vida. Nunca más supimos nada de él. Como a tantos otros, se los tragó la tierra. Los borró la represión, con un simple rótulo: "desaparecidos".

Esa noche dormí sobresaltado. Más que cuando la represión era una realidad amenazando la puerta de mi casa. Habían resucitado los fantasmas de Tito, Daniel, Ike, Ale, Dani, Mario, Yayo, el Negro. . . y tantos otros, trabajando conmigo, compartiendo ideales, eliminados en la flor de su edad con todas las estrellas que hubieran podido sembrar en nuestro futuro. Y los volví a mirar sonrientes, aguerridos, animándome a comprometerme más y más con la causa de los pobres. Y les pedí disculpas por no haber muerto con ellos. Y sentí lo arañazos de la responsabilidad de no dejar que sus ideales se desinflaran y cayeran como globos de Navidad, hechos ceniza. ¡Tito querido! Estuve con tu hijo que, con muchos otros hijos buscan encontrar las huellas y los senderos de sus padres "chupados" por la Dictadura. Pero, para mí no era tu hijo ¡eras vos!

Cuarenta y nueve

-¿No se cansa o se aburre, teniendo que hacer tantos bautismos, casamientos y Misas, siempre lo mismo?
La pregunta se repite muchas veces. Y es que, al parecer, así es como muchos parecen vivirlo. Se trata, en esos casos, del cumplimiento de un deber al que obliga el hecho de ser sacerdote.
Esto, encarado de ese modo, siempre termina siendo rutinario y pesado. Y en muy pocos casos, esas celebraciones llevan algo de lo personal. Lo común es que se sometan estrictamente a las palabras y gestos del ritual. Más aun, cuando se conserva un concepto mágico de la eficacia de los sacramentos, que cuida escrupulosamente no apartarse de ninguna de las palabras y gestos rituales, so pena de anular sus efectos.
De allí, la constatación jocosa que suele escucharse:
-Los curas estudian doce años para decir Misa y después...la leen.
En definitiva, esto termina resultando aburrido para quien lo realiza y para quien lo comparte. Viví ese ritualismo con mucho fervor, mis primeros 10 años de sacerdocio. Tenía como compensación, la devoción de la gente, para quien el misterio del latín y de los gestos medidos e iguales ejercía un poder de sugestión, que prestigiaba a quien los realizábamos. Mi crisis profunda, en la que se mezclaron muchos motivos y experiencias, cambió absolutamente esta perspectiva. Desde entonces, la resolución de vivir un sacerdocio metido profundamente en la realidad, acompañando desde muy cerca y en todos sus detalles la vida de la gente, convencido en absoluto de la misión liberadora que debía cumplir, en seguimiento de Jesús de Nazaret, me dio un enfoque distinto Todas las celebraciones se encaminan hacia ese objetivo fundamental. Sin nada de magia, ellas se han de orientar

a que la seguridad de la presencia de Jesús como compañero de camino y de lucha, sea capaz de comprometer la vida con los más pobres y necesitados, iluminándola cada vez más con el mensaje y el testimonio de Jesús y la comunidad de sus seguidores.

Así he procurado y, en parte, logrado vivirlo. En cada celebración estoy presente con todo lo que soy. A cada celebración procuro encontrarle detalles que la conviertan en fiesta y en compromiso. Este esfuerzo que exige creatividad, me entusiasma y me produce gozo, aunque a veces pueda provocar cansancio físico o superación de diversas e inevitables limitaciones de salud o de ánimo. Eso me aleja, al mismo tiempo de una celebración ligada a lo supersticioso o lo mágico y de toda consumación de sacramentos en que, de alguna manera, no pueda compartir con mis hermanos el sentido fundamental de los mismos.

Gozo con la alegría de los padres que bautizan a sus hijos. Me contagio con su ternura alrededor de la pila bautismal. Procuro contagiarles del optimismo y confianza que da el saber y celebrar que Dios nos ha hecho sus hijos. Comparto la elocuencia y profundidad de los gestos y materias que se usan, despojándolos de su sentido misterioso por desconocido y enriqueciéndolos con aportes desde la realidad de la vida.

Me rejuvenezco con la catequesis de niños y jóvenes, dejándome penetrar por sus inquietudes, sus novedades, sus destellos de sinceridad, sus defectos, sus inseguridades. Mis libros y contactos personales, me facilitan un carril para que la formación cristiana no consista simplemente en una serie de normas obligatorias de conducta, sino un amojonamiento del camino a la felicidad.

Elegir la Catequesis Familiar como el mejor método para la evangelización de adultos, me dio la oportunidad de contactos muy vivenciales con grupos que revisan su fe, actualizándola y purificándola, con el resultado de investigar y fortalecer la mía propia. Las celebraciones de primeras comuniones, que suelen constituir actos masivos sin otra novedad que el trajecito o la fiesta, significan para mí, un esfuerzo de calidez personalizante para con cada chico y cada familia.

Los matrimonios, en los que muchas veces aparecen los resentimientos clericales que aprovechan la celebración para actualizar las normas prohibitivas que delatan una actitud de sospecha hacia todo lo referido a la sexualidad, me contagian el gozo del amor de pareja. Esa relación que involucra toda la personalidad, y constituye el más perfecto e integral reflejo del amor del que Dios ha querido hacernos partícipes.

La celebración de la Eucaristía preparada detalladamente en todos sus pormenores, alrededor de un esquema de reflexión sobre la Palabra, partiendo de la realidad, y con la humanización de los gestos y palabras, que permite llegar a lo profundo, para la aceptación comprometida o el rechazo definitivo, se transforma en un desafío para el que me preparo gozosamente cada fin de Semana. Con alegría puedo decir que, gracias a todo esto y a la actitud de acompañamiento de esta evolución mía por parte de las comunidades en que he vivido, soy un *"cura feliz y soy feliz como cura"*. Cada celebración me hace crecer, y sentirme colaborador del crecimiento de los demás, en la conciencia cristiana y eclesial.

No me canso, no. Ni me aburro. Si así fuera, ya a mi edad, no me mantendría en la actividad ministerial, en la que he descubierto un sentido de verdadero servicio a la comunidad humana y una experiencia de felicidad profunda.

Intemperie de realidad sin vetas
tu vocación sagrada de profeta
con intuición de madre y de poeta

Y si querías serlo
o envidiabas a quienes lo vivieron,
al inundarte el fuego
mirando desde adentro la luz que estabas dando
te sentiste quemado y quisiste escaparte
pero ya es imposible, pues tu vida
ha sido embarazada de horizontes

(de *"Poemas de tiempo y sal"*)

Cincuenta

Democracia. Nunca se aprecia tanto como cuando se recupera. Después de Malvinas, la vivimos como un milagro. La euforia del momento previo, llegó hasta provocar un documento del Episcopado Argentino alabándola. Cuando se iban dando los pasos hacia las elecciones, experimentamos como un desborde de bravura y gozo incontenible, expresado de modo muy notable en el espacio del arte, en todas sus manifestaciones. La vuelta paulatina de actores y artistas exiliados, y la fecundidad de Córdoba como cuna de cultura llena de personas y conjuntos valiosísimos en todas las ramas, produjo una especie de explosión de sonrisas. A pesar de no brillar a nivel nacional, dadas las características devoradoras y descalificantes de Buenos Aires, los estadios y las salas comenzaron a llenarse de actividades y manifestaciones artísticas. Resultaba conmovedor el saludo con que la multitud agasajaba a los artistas populares como Mercedes Sosa, Horacio Guaraní, Los Trovadores, Zupay, cuyas canciones habían sido clandestinamente, durante la Dictadura, sostén de las esperanzas y el optimismo popular, aunque sonaran lejos de la Patria. Se estiló hacer arder pequeños fueguitos de encendedores o papelitos que, de pronto inundaban todo el espacio de abajo, compitiendo con el de arriba acaparado por las estrellas.

Nuestro Movimiento Scout Parroquial que había seguido siendo un clima de conscientización sociopolítica de los scout mayores, brindó a la Democracia incipiente líderes estudiantiles en los diversos movimientos universitarios de avanzada. En esa época, volver a tomarle el gusto a la democracia, prácticamente desconocida por los jóvenes, resultaba una importante gratificación.

En la Iglesia, hacia dentro, hubo necesariamente un estremecimiento con muy diversas manifestaciones. Cambió el panorama. El "destape" del periodismo y las revistas, las críticas ya públicas del silencio de la Jerarquía durante el Proceso, empezaron a molestar a la Institución. En una conversación del más alto nivel con dos de los Obispos de Córdoba, ellos expresaron con sinceridad su posición. *"Ahora sí, con la democracia, comienzan nuestros problemas"*.

No había sido su problema el genocidio llevado a cabo por la Dictadura militar. El problema comenzaba ahora, cuando el pueblo hacía su juicio y el gobierno no estaba dispuesto a mantener privilegios de ninguna clase. Entre otros, los subsidios con que la Dictadura había ayudado a los Seminarios diocesanos, de acuerdo al número de alumnos candidatos al sacerdocio, los porcentajes para la Enseñanza privada y la severidad de las leyes que limitaban la libertad de prensa y reprimían la pornografía, los métodos anticonceptivos y el divorcio.

Muy pronto estos asuntos se convirtieron en roces más o menos sostenidos y "echaron chispas". De manera especial con el divorcio del matrimonio civil que, según un razonamiento muy usado en el lenguaje eclesiástico tradicional, constituiría una violación de la ley natural. Las campañas de parte de la Iglesia oficial adquirieron gran virulencia. Ognenovich, el Obispo delegado por el Episcopado para ocuparse de esta cuestión, calificó de "cerdos" a los Legisladores que votaran el proyecto. Unos años más tarde se le descubrieron irregularidades en el manejo del dinero suministrado por el Gobernador Ruckauf y en el trato que se daba a los internos de un asilo diocesano.

Se hicieron convocatorias masivas. Se amenazó con sanciones a quienes no hiciéramos en las Parroquias de Córdoba una campaña, puerta a puerta, para convencer a la gente de que la ley de divorcio civil atentaba contra la familia y la Iglesia. Una convocatoria del Arzobispado para una gigantesca manifestación, no fue tenida en cuenta, como se esperaba, por los católicos cordobeses. Se esperaba llenar las calles desde Plaza Vélez Sársfield hasta el Correo Central. Unas siete cuadras. Desde temprano, se instalaron carritos con venta de choripanes y sandwichs en todo ese espacio. Estos vendedores ambulantes suelen tener "olfato" para calcular el éxito de las convocatorias. En esa oportunidad les falló. La multitud sólo abarcó una cuadra. Los parlantes, sin embargo, llevaban los reclamos de los discursos, a través de los ochocientos metros previstos con anterioridad. Se sancionó a varios que hicieron declaraciones públicas, desnudando la realidad de los intereses eclesiásticos y defendiendo los derechos de los no católicos. Esto fue un problema grande y ahondó las divisiones en el clero y los católicos. Unos cuantos, entre nosotros, fuimos descalificados oficialmente para cualquier cargo o servicio que no fuera el que teníamos. En mi caso personal, hubo proyectos de removerme de la Parroquia que no se llevaron a cabo, gracias a la fuerza de la comunidad pronunciada en mi favor.

El primer Presidente de la democracia, Dr. Alfonsín, tenía al comenzar gran prestigio y fuerte apoyo popular. No se atrevió inmediatamente a usar estos resortes para tomar resoluciones drásticas y, poco a poco, fue cediendo ante el poder sindical apartado de los intereses populares y enquistado en las burocracias. Ante la resistencia militar al juicio de los genocidas y finalmente ante el levantamiento de un sector del Ejército con quien negoció en carácter de perdedor, debilitaron su poder y las esperanzas populares. La Economía no pudo salir de la dependencia creada por Martínez de Hoz en el Gobierno militar, y fue deteriorándose paulatinamente hasta el golpe empresarial que acabó con el Gobierno, en la imposibilidad de contener los estallidos sociales y la inflación creciente. Las elecciones dieron el triunfo al Partido Justicialista, como lógico oponente. Su candidato, el Dr. Carlos Menem, no ahorró promesas ni vinculación con los capitales internacionales, ni alardes de proyectos grandiosos con nombres aumentativos como "salariazo", "gran revolución productiva". Con una mezcla de tradición musulmana, apariencia católica e ideología fascista, su astucia le hizo posibles múltiples reformas, apoyado científicamente por el economista de fama internacional Domingo Cavallo y el enajenamiento de la mayoría de las Empresas Estatales con anunciadas entradas voluminosas en primera instancia, y desastrosos resultados como consecuencia final. El invento de la "convertibilidad" peso = dolar, produjo un bienestar ficticio que nadie se atrevió a tocar por el costo político que significaría para la gente que había puesto su confianza en esa aparente estabilidad. Proliferaron negocios sucios de tráfico de drogas, armamentos y bebés. Todo ocultado y propiciado por el ámbito oficial. La denuncia se hizo una obligación, pero los métodos represivos y sobre todo la publicidad comprada sin ningún pudor, disminuyeron la indignación popular y, mediante un pacto con los Dirigentes de la oposición se logró una reforma constitucional dirigida exclusivamente a hacer posible la reelección. El decreto de "indulto" por los crímenes de la Dictadura exacerbó a todos los que ya habían tenido que aguantarse las Leyes de Obediencia debida (una aberración jurídica y moral) y de Punto Final. Fue la consagración de la impunidad. Ya no hubo parámetros para esperar en la Justicia, que entró en la línea del acomodo con la política oficial, desde cuyo ámbito no se puso ningún pudor para lograr su sometimiento. Amenazas, destituciones, acusaciones delictivas, postergación de las sentencias, desapariciones de testigos, cortinas de humo para quitar la atención de los verdaderos delitos. Cubriéndose las espaldas, el presidente Menem obtuvo la aprobación de una Ley que elevó a nueve el número de integrantes de la Corte Suprema de Justicia que, desde entonces hasta instaurado el Gobierno del presidente Kirchner, le fue fiel y adicta, desde el voto imbatible de la mayoría calificada como "automática" que integraban sus simpatizantes.

La Iglesia coqueteó con el poder. La posición antiabortista publicitada por el Presidente, en coincidencia total con la

Iglesia; el perdón y olvido de los crímenes de la Dictadura de los que muchos miembros de la Jerarquía se sabían cómplices; las constantes profesiones de fe en los discursos oficiales; el mantenimiento de los privilegios eclesiásticos con jugosos subsidios para los obispos adictos, le procuraron apoyo de la parte más tradicional de la Iglesia que es, en realidad, la Iglesia con poder.

Para muchos de nosotros, volver a la posibilidad de expresión, con una actitud crítica frente a la Iglesia y absoluta libertad frente al Estado, significó una gran oportunidad. Nuestro grupo sacerdotal hizo una tradición hacer un comunicado "picante" cada Jueves Santo, para ser distribuido entre los sacerdotes reunidos en la Catedral con motivo de la renovación del compromiso sacerdotal ante el Obispo. Frente a las limitaciones impuestas por la prensa para difundir nuestras posiciones, estas "hojitas" del Jueves Santo, nos resultaron un desahogo provechoso y concitador de opiniones que no se expresaban en otros círculos clericales. Se multiplicaron las ocasiones de manifestar nuestra unión con la causa de los más pobres y desplazados. Pudimos volver a nuestros trabajos en los barrios.

La situación política en Córdoba, con los Gobiernos radicales, fue de mantenimiento de relaciones cordiodistantes con la "iglesia oficial", conocida la tradición laicista del partido. Se rompieron lanzas cuando desde la legislatura se presentaron e incrementaron leyes de salud reproductiva, y desde el Ministerio de Salud se dispuso una distribución de preservativos en la campaña de prevención contra el SIDA. La administración Angeloz, que logró acuerdo para la reforma de la Constitución con un fin señaladamente electoralista, y terminó con su protagonista principal acusado muy gravemente de enriquecimiento ilícito, se continuó con la de Ramón Bautista Mestre quien, con la impopularidad de sus recortes por situación de emergencia económica, provocó el holgado triunfo de la oposición peronista con J. M. de la Sota. Asesorado en imagen por un destacado "marquetinero de imagen", el brasilero Duda Mendoça, llevó a cabo un gobierno plagado de situaciones turbias, perfectamente disimuladas, que le hicieron posible la aspiración a Presidente de la República.

La renuncia del Arzobispo Primatesta por razones de salud, puso al frente de la Diócesis a Carlos Ñáñez, su antiguo delfín como Rector del Seminario, quien, rodeándose de quienes habían sido sus alumnos, formó un equipo de colaboradores que, conociendo la realidad cordobesa, optó por crear el clima de reconciliación y comunión. En este contexto, se está moviendo la Diócesis actualmente, con ausencia de sanciones, búsqueda de consensos masivos, tolerancia de las diversas líneas y en el fondo, una tendencia conservadora a orientar señaladamente toda la preocupación hacia el interior de la Iglesia y el Culto, de acuerdo a un plan de acción pastoral elaborado en Chile y denominado "NIP" Nueva Implementación Parroquial.

Rompiendo, a juicio de muchos peligrosamente, la Gran disciplina eclesiástica que exige unidad de criterios o silencio, mis tomas de posición en los medios resulta con frecuencia polémica. Se ha llegado así repetidamente a pedidos de sanción o intervenciones que me impidan esas manifestaciones críticas o comprometedoras para con la Iglesia o el poder civil. Una especie de sensación muy profunda y gratificante es la de experimentar en esta etapa de mi vida que puedo apartar temores y marchar en libertad. Una conquista muy particular en medio de una multitud de hermanos sacerdotes, que se desgastan cuidando sólo que sus palabras no rompan ni ataquen ninguna convención mantenida por la Institución y, a la vez, dejan escapar sus vidas por otros resquicios clandestinos.

Libertad

Sorprendí tu radiante
seductora sorpresa
cuando abriste mi puerta
buscando refugiarte.

Reconocí al desnudo
tu belleza salvaje
y ofrecí mi coraje
para abrirte el futuro.

Apacigüé tus llagas
hasta sentirlas flores
y mamé en tus dolores
la leche de la audacia.

Libertad me enamoras
libertad me subyugas
contra riesgos y dudas
te elijo por esposa.

(de *"Goteras de infinito"* poemas)

Cincuenta y uno

Testamento. Constituye una parte de la atención a la vida y el respeto a los que quedan. Yo quiero hacerlo así públicamente, como un capítulo de este libro que me contiene.

Lo primero, el testimonio de lo que en mi vida pudo ser actitud valiosa para repetir. Lo expreso sencillamente en un poema, dedicado a todos los que me han querido y admitido como padre. Cuando era joven, me encantaba que me dijeran "Quito". Era el signo de que experimentaban mi compañía amistosa. Ya mayor, sin eufemismos "viejo", me encanta que, desde labios frescos y desde gargantas enronquecidas por el tiempo, me llamen "padre". Es como si sintiera mi fecundidad en el vientre de una gran comunidad.

Mi primer sueldo de "teniente cura 2do" en Villa María, se agotó en una bicicleta. El Párroco tenía una vieja coupé Ford de esas con cabina curva entre el baúl y el capó del motor también curvados hacia abajo. El Teniente 1ro.(manejábamos esta terminología militar) poseía una Moto Jawa 350. A mí, teniente 2do. me correspondía una bicicleta. En dos años ya pude comprar una Puch 250. Me sentía dueño del mundo.

Después de diversos cambios de motocicletas, ya en Río Ceballos, acogiéndome a un descuento especial concedido por IKA a pastores evangélicos y sacerdotes católicos, con el resultado de un año de salario como docente de filosofía y psicología, adquirí un utilitario. Desde allí, con cambios trienales llegué al automóvil que poseo actualmente. Mis comunidades se preocuparon por hacerme los aportes correspondientes a la jubilación de "autónomo" de la que ahora gozo en su mínimo nivel, junto con el subsidio de FIDES, un fondo nacional de jubilación para el clero.

Computadora, aparatos electrónicos de sonido y casa propia en Villa del Rosario, ya que mamá tuvo la previsión de un anticipo de herencia a favor de los hijos sacerdotes, constituyen elementos de relativa seguridad para cuando deba retirarme por edad o salud, del ejercicio concreto del ministerio sacerdotal.

De los curas se dicen mil cosas fantaseosas en cuanto a dinero, porque nunca está demasiado claro de qué y cómo nos mantenemos.

No contamos con ningún sueldo oficial, ni estatal ni eclesiástico. Sólo los niveles superiores de la Jerarquía reciben un sueldo, variable según el orden que ocupan. Los sacerdotes somos "carga pública" para la comunidad en que servimos. El recurso del arancel por las celebraciones sacramentales, usado todavía, fue prácticamente desechado por el espíritu del Vaticano II en su reforma litúrgica. De modo que el mantenimiento depende del aporte económico de los que integran la comunidad. Los curas de barrios muy pobres, se las ven muy bravas para subsistir. Otros recursos son las cátedras en diversos establecimientos educativos, u otros trabajos rentados o, como en mi caso, la producción literaria.

La comunidad Nuestra señora del Valle cuidó realizar los aportes para jubilación de autónomo, pago de IPAM y de cuota para FIDES, la caja de jubilación para sacerdotes

De mi posesión, una Biblioteca que, como lo más preciado tiene una colección completa de la revista CONCILIUM desde su aparición.

Testamento

Cuando llegue, hijo mío la hora de partir
te dejaré en herencia
mis nubes, algodones
para hacerte más tibios los nidos de la ausencia.

Nubes aun calientes
de sudor y de sangre
el vapor de la tierra
que engendra los ideales

Te dejaré las llaves
de todas mis prisiones
y unas alas ansiosas
de superar antiguas represiones
de sonrisas negadas
de brazos rechazados
de miedos admitidos
 de gozos mutilados.

Dentro del mismo atado, con alas y con nubes
te dejaré, doblado, un horizonte.
que puedas desplegar cada mañana
para abrir tu aventura en nuevas direcciones.

Y un vagón de coraje
para que no te embauquen los que mienten
para que no te pisen los que mandan
para que no te compren los que tienen

Lo que te dejo es lo que yo he tenido y cultivado
y si los aceptas, hijo
cuando sueñes y vueles y luches y protestes
yo viviré contigo.

(de *"Espacio"* poemas)

Cincuenta y dos

"Secularizado" es un vocablo que para muchos en la Iglesia, tiene sentido peyorativo. Recuerdo que, en mis tiempos de seminarista, se hospedaba de cuando en cuando, en una habitación especial, un capellán militar. No se le permitía compartir directamente con nosotros. Vestía "de civil". Nosotros, de estricta sotana. Se nos hablaba de él como "aseglarado". Es decir que estaba contagiado con el "espíritu del mundo". Nunca pude averiguar en qué consistía este "contagio".

Sin embargo, la denominación estilada para los sacerdotes diocesanos, es decir los que no pertenecemos a Ordenes o Congregaciones religiosas es de "sacerdotes seculares". Quiere decir: metidos en el siglo, en el mundo, en la realidad, en el servicio a los hombres.

Después de los aires renovadores del Concilio Vaticano II en que desaparecieron la "tonsura" (esa pequeño círculo rapado, como una hostia, que llevábamos en el centro de las cabeza), la obligación del hábito talar o sotana (esa larga bata negra con infinidad de botones) la prohibición de barba, bigotes o pelo largo, las penas eclesiásticas por participar de espectáculos públicos. . . cayeron también muchas barreras en la comunicación con la gente común.

Aun más, apareció como una necesidad, proclamada de diversos modos en los Documentos Conciliares, que el sacerdote estuviera en medio de la gente, que se comprometiera con sus necesidades, alegrías, inquietudes y luchas. Todo esto me pescó en plena crisis. En aquella crisis personal en que todo se tambaleó y debí examinar nuevamente si podía y debía seguir siendo sacerdote y cristiano. Comencé a re-encontrar el sentido del ministerio sacerdotal, sólo en esa manera de vivirlo. Quienes quedaron encerrados por el culto, las devociones, el ocultamiento de sus profundas aspiraciones muchas veces vividas clandestinamente, se escandalizan de esta manera de pensar, sentir, divertirse, sufrir, comprometerse con la gente, en todos los espacios de la vida cotidiana.

Haberme "secularizado" es para mí, una terapia conducente a la normalidad, y un camino verdaderamente evangélico de vivir mi compromiso con la realidad y el mundo actual. Para otros, es haber perdido el clima y la aureola religiosa de la santidad.

Sólo que Jesús no se presentó atado a ninguna estructura religiosa, sino que, al contrario, se enfrentó a ella para defender al hombre común y al más oprimido. Creo que es el gran modelo del secularizado.

Los romanos del Imperio, llamaban "ateos" a los cristianos. Porque no rendían culto a sus divinidades. Los judíos, llamaron "secta" a las primeras comunidades de seguidores de Jesús. No es extraño que se califique como peligrosa la conducta de quienes no se conforman a todas las costumbres y prescripciones rituales, litúrgicas o, incluso de lenguaje, modo de vestir, lugares frecuentados, posturas externas o amplitud de trato y tolerancia con los de cualquier condición religiosa o moral.

Esa cerrazón, suele constituir el modo más eficaz de no perder la identidad de un grupo. Y también la táctica más definitiva para cerrarlo sobre sí mismo. Hay una Iglesia clausurada para el mundo. Hay otra, la de Juan XXIII, que quiere abrir todas las ventanas.

Secularizado. Darle lugar al sentido común, a la razón, al sentimiento, al ansia de felicidad, a las necesidades cotidianas de la gente, a sus expresiones festivas, a su manera simple de solidaridad, esto quiere ser la "secularización" que defiendo y vivo. Y creo que así, se puede vivir muy cerca del Dios de Jesucristo.

Tengo 76 años al escribir estas páginas. Canto, bailo, escribo poemas, gozo de la naturaleza, redacto reflexiones sociopolíticas semanales para Internet, incluyo siempre en mis homilías el clima de los acontecimientos sociales que se viven. Tengo como eje de mi acción pastoral la "opción por los pobres" en el sentido de orientar la palabra y la acción a compartir sus problemas y soluciones.

Veo, cuando dispongo de tiempo, las películas y las piezas de teatro más importantes. Cierro con micros, que mezclan la realidad y el evangelio, la transmisión nocturna de un Canal de T.V. Escribo para diversos medios de comunicación. Accedo a participar en distintos programas de Radio y Televisión cuando soy invitado. Acompaño en los Campamentos a los scout de mi Parroquia. Practico deporte. Participo de un "taller de folclore". Visito semanalmente la casa de mi madre contactándome con todos los parientes más cercanos.

Preparo mis Homilías, al menos con un mes de anticipación, actualizándolas oportunamente con los acontecimientos que inciden en la realidad. Añado a ellas, los Guiones para ayudar a la participación en la celebración eucarística. Celebro ordinariamente, con gusto, cuidado y respeto, los Sacramentos de Bautismo, Reconciliación, Unción de enfermos, Matrimonio y Eucaristía. Comparto los guiones y homilías anticipados, enviándolos por Internet, con unos treinta agentes pastorales de distintos niveles, que me los han solicitado. Me responsabilizo de las reuniones de muchos de los Grupos Parroquiales de chicos, adolescentes, jóvenes y adultos. He creado un Método de Catequesis Familiar que se practica en varias parroquias y supone una atención especial por parte del Párroco. Atiendo consultas, intentos de compartir experiencias, escucha de problemas y situaciones personales, un día cada Semana.

Estoy cumpliendo 53 años de sacerdocio.

Soy un cura secularizado. Sin tapujos, les entrego esta historia verdadera de la vida de un cura cualquiera.

...*Y sigo como el viento*
indomable y molesto.
Libre de pensar y sentir
como yo quiero,
de recorrer caminos de aventura
sin pagar el peaje.

Mi pequeñez consciente y conocida
sostiene mi altivez
para reírme del poder y los halagos
que acaban enredando a los serviles.

Yo sé desde la herida
que quienes desde tronos reclaman humildad
buscan a quien devorar con su soberbia
que quienes hablan de paz desde las armas
intentan aplicar primero el golpe
que los más implacables moralistas
llevan gusanos dentro
que las publicidades más eufóricas
siempre pretenden ocultar las quiebras.

Y continúo el vuelo
colándome por las hendijas
hasta que algún invierno poderoso
me congele
y me vuelva silencio de hondonada.

(de *"Enhebrando horizontes"* Autorretrato)

Cincuenta y tres

Si se le diera la oportunidad de volver a nacer, ¿qué cosas de su vida anhelaría que fueran distintas?

Es una pregunta interesante. Mi respuesta, reflexionada y plenamente consciente es: NADA.

Elegiría tener la misma familia. Admitiría incurrir en los mismos errores, porque tengo conciencia de cuánto me hicieron madurar. No buscaría eximirme de los sufrimientos, inseguridades o privaciones que tuve que soportar, ni cambiarlos por otros. Querría tener los mismos amigos. A pesar de que a ningún chico o joven, le desearía vivir la etapa llena de represiones y elementos deformantes del Seminario que yo viví, no rechazaría esa experiencia. Soy consciente de que debajo de todo eso, mi personalidad fue adquiriendo una fortaleza de voluntad y capacidad de aguante sin la que, en muchas oportunidades, no hubiera podido sobrellevar ciertos desafíos y dificultades. No cambiaría la actitud rigorista de mis primeros años de sacerdocio, inspirada en la buena voluntad de querer servir fielmente a Dios en actitud fundamentalista propia de la pedagogía eclesiástica y catequística de aquellos tiempos. Sin vivirla con todas sus ridiculeces, no habría podido comprender a tantos que hoy permanecen en los mismos esquemas. Rechazaría nuevamente las posibilidades repetidas que se me brindaron, de especializarme intelectualmente en alguna de las ramas de la ciencia eclesiástica. Volvería a cultivar la actitud contestataria que asumí desde los 35 años, con posterioridad a un contacto con la realidad política y eclesiástica, que derribó las estructuras de ingenua seguridad en que había vivido. Rechazaría nuevamente cualquier "ascenso" eclesiástico que me alejara del trato simple y cotidiano con la gente común. Pondría todos mis esfuerzos en la propagación de una visión cristiana comprometida profundamente con la realidad humana en su integralidad. Transitaría de nuevo "por la cornisa", en una actitud de apertura que me colocó más cerca de los alejados, los pecadores, los descalificados, los rebeldes, los revolucionarios. Buscaría, a medida que me fuera liberando de prejuicios acumulados por mi formación represiva, las fuentes de gratificación relacional, afectiva y corporal, que no dañaran ni convirtieran en hipocresía, mi compromiso sacerdotal. Envejecería, como he cuidado hacerlo, defendiendo mi libertad y la de los demás, hasta sentirme responsable de mis acciones y decisiones, conservando una misma línea de pensamiento y acción, a pesar de muchos rechazos y presiones. Me prepararía para morir, viviendo intensamente, en cuanto mis limitaciones por el desgaste o la edad me lo permitieran.

No han faltado en mi vida bajones muy profundos, depresiones muy intensas, dolores muy lacerantes, sensaciones de fracaso o incertidumbre que afectaron hasta el sentido mismo de continuar viviendo. Recogidas hoy, en un solo amasijo, han dado como resultado el pan crocante y sabroso que desearía haber consumido si volviera a nacer.

Concluyo con este poema que me pone frente al espejo de mi vida, sonriente y agradecido.

Llegar a viejo sin llorar

Yo quiero que mis brazos se desvelen
recolectando las semillas del invierno.
que se deslumbren mis pinceles
con los colores del ocaso y sus secretos.

Llegar a viejo es ser soldado victorioso
en esta lucha desigual contra la muerte
desde la hondura de los pozos
brindar la fresca novedad de las vertientes

Llegar a viejo es descifrar desde la cima
lo indescifrable del camino de subida
iluminar toda la vida
con un relámpago cosecha y despedida.

Llegar a viejo es dar a luz en forma nueva
la libertad con que nacemos como herencia
y desnudar con la experiencia
todo el chantaje de amenazas y promesas.

Llegar a viejo es encontrarse frente a frente
con la verdad de lo que somos por adentro
cuando el desgaste permanente
no ha quebrantado nuestro afán de crecimiento.

Llegar a viejo es darse vuelta los bolsillos
para estrujar lo realizado y lo soñado
y así entregarles a los hijos
hechos futuro, los secretos del pasado.

Llegar a viejo es adueñarse de ternuras
que se quemaron en la fiebre de las luchas
ponerle fin a la aventura
en un remanso de quietudes y de honduras

Mientras mi cera se derrite y se amontona
siento mi llama palpitar fortalecida
la sequedad de mi corola
me entrega el peso redentor de las semillas.

Yo quiero al sol esta vejez que me camina
sin eufemismos ni pudores que la oculten
quiero gozar mi despedida
como he gozado la conquista de las cumbres.

(de *" Goteras de infinito"*)

Epílogo

Ya está! Ahí va!!

Comencé a redactar estas memorias autobiográficas en Noviembre de 2002.

Muchas veces, hasta que estuvo listo el primer borrador en Setiembre de 2003, me inquietaron las dudas sobre si valía la pena seguir escribiendo. Si me atrevería a publicarlas.

Continué porque me sentía bien evocando y reviviendo.

Consulté diversas opiniones, dando a leer los capítulos listos.

Algunos se asustaron y me asustaron. Otros aprobaron y me impulsaron a publicar. Sometí los borradores a muchas correcciones descubiertas y sugeridas. Hasta encontrar editorial, imprenta y distribuidora, persistieron mis dudas.

Hoy ya está. Mi proyecto ya es un libro. Se escapó de mis manos. Es de ustedes. Depende de ustedes. Ojalá les sirva de algo. Gracias.

Con todo cariño:

José Guillermo Mariani (Pbro.)

INDICE

A pesar de tratarse de memorias autobiográficas, he prescindido del ordenamiento cronológico. Por ese motivo y para quienes quieran en el curso de la lectura o posteriormente releer lo referido a alguno de los temas, ofrezco el recurso de estos enunciados

Orientación sobre el CONTENIDO de los capítulos

Mariani, José Guillermo
Sin tapujos: la vida de un cura. - 1^{0} ed. 1^{0} reimp.
Córdoba: Alejandro Graziani, 2004.
228 p.; 21x15 cm.

ISBN: 987-21483-0-9

1. Autobiografía. I. Título
CDD 920

Esta edición de 5000 ejemplares se imprimió en los talleres gráficos de Alejandro Graziani S.A., en el mes de Junio de 2004 en la ciudad de Córdoba, República Argentina.

Distribución exclusiva:

El Emporio del Libro S. A.

9 de Julio 182 – 5000 Córdoba
Tel. 0351-4253468 / 4117000
elemporio@ar.inter.net